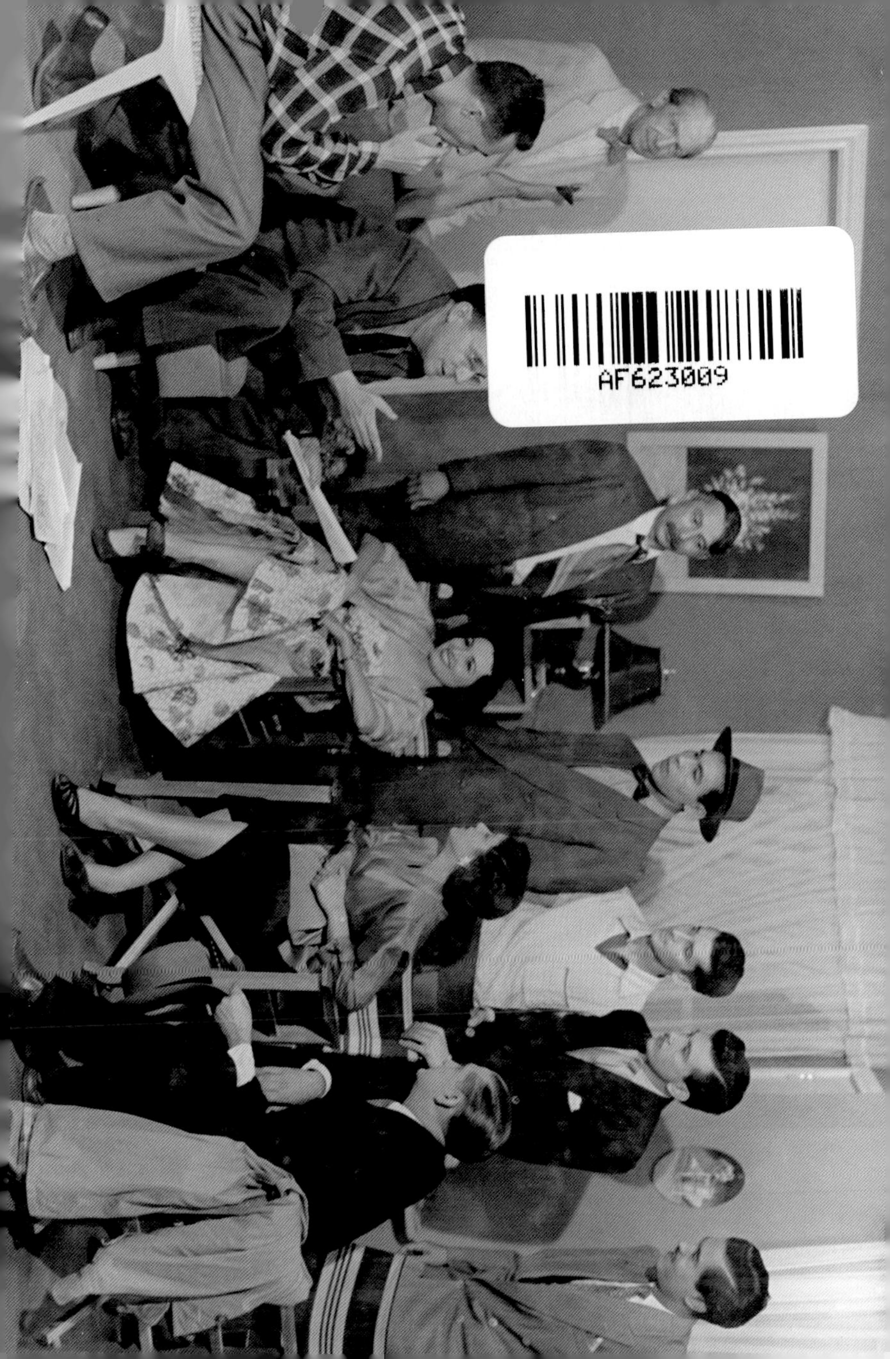

AF623009

Biblioteca PHotoBolsillo

Alfredo Cortina

PHotoBolsillo LA FABRICA ARCHIVO FOTOGRAFÍA URBANA

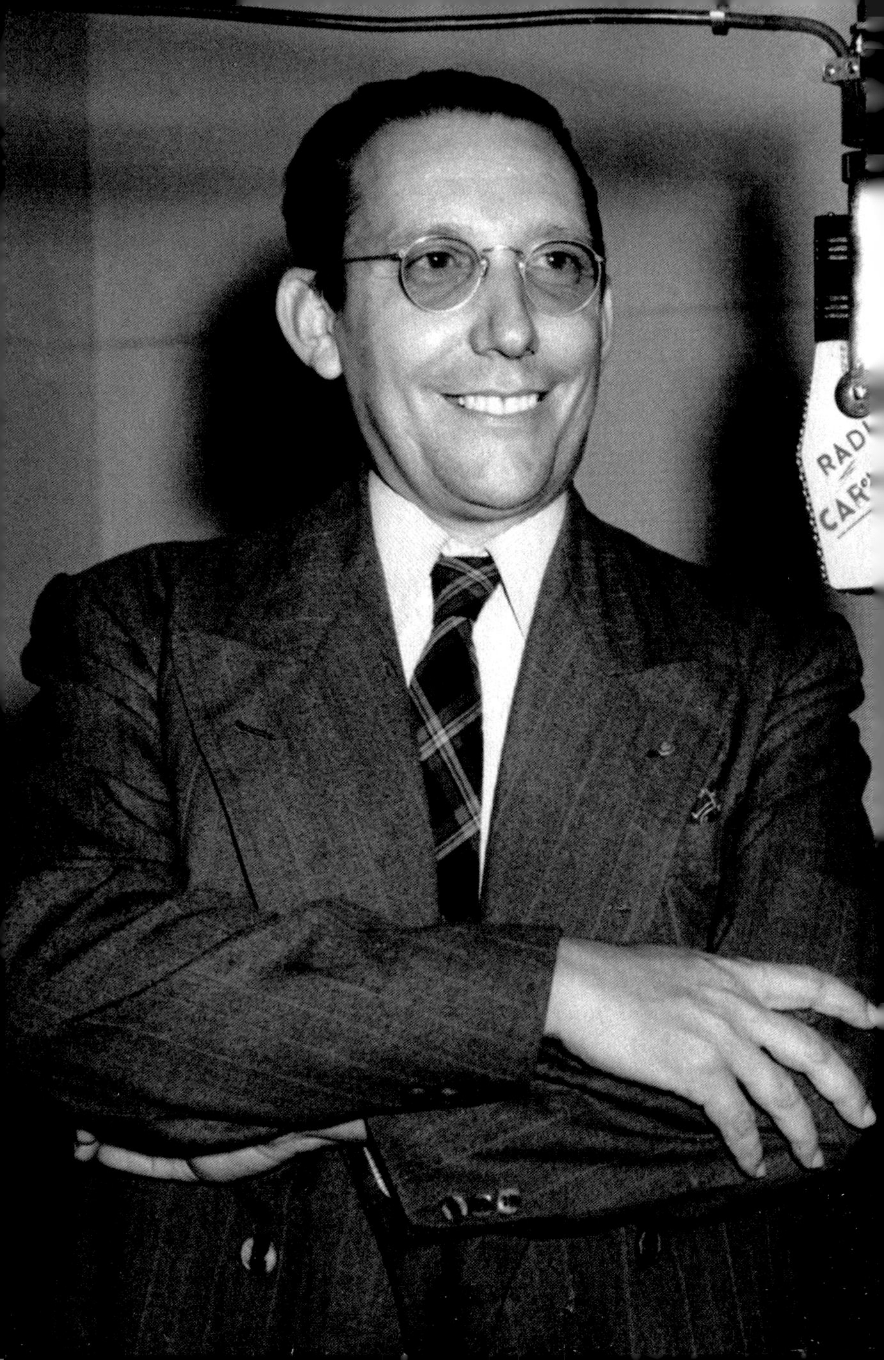

Alfredo Cortina
Una mirada informada

Ariel Jiménez

Alfredo Cortina en la sede de Radio Caracas, 1945

Los Caracas, 1954

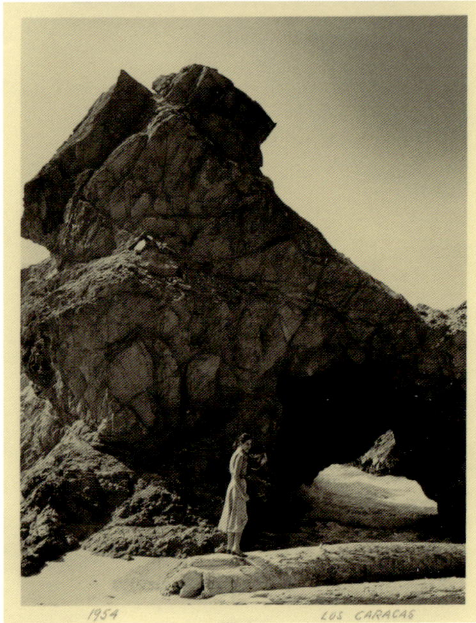

Nada vemos de manera directa y transparente. Nada nos aparece *como es*, sino como podemos verlo, en función de nuestras esperas y definitivamente mediado por las referencias que manejamos y a partir de las cuales aprehendemos nuestro entorno. Una arquitectura fechada de signos media entre nosotros y el mundo, y no nos es dado ponerla por separado[1]. En el caso de Alfredo Cortina se agregan además las miradas que nos preceden –que son también lecturas de su obra– y que no podemos eludir cuando nos enfrentamos a ella. Mejor aún, ellas son las únicas que existen, pues su autor no dijo nada sobre su trabajo, no expuso su fotografía, ni la organizó en publicaciones temáticas. Nadie lo calificó de artista, y él nunca se presentó como tal, o al menos no dejó constancia de ello.

Y sin embargo, allí está un cuerpo considerable de imágenes, algunas de las cuales sabemos que fueron pensadas en serie, aunque Cortina no llegara a completarlas ni a editarlas en conjuntos coherentes. Hoy, para un venezolano informado como Vasco Szinetar, responsable de su primera lectura y de la organización de su fondo en el Archivo Fotografía Urbana –donde se conservan–, su obra se presenta bajo la forma de un sistema significativo de oposiciones, de disparidades que nadie puede ver sin que inmediatamente se disparen en él los dolores que ha dejado tras de sí un proyecto truncado de modernidad y progreso, como el que caracterizó al siglo XX venezolano, y cuyas fechas podríamos situar entre 1936 y 1989[2]. Se dibujan así dos *Venezuelas*; la de aquellas ciudades y poblados miserables, habitados por hombres y mujeres hirsutos y niños sucios (que pocas veces vemos fotografiados), y la de sus élites europeizadas, con sus autos nuevos, sus urbanizaciones de calles limpias, aeropuertos, trenes, comercios. Entre ambas, la imagen de un trance, de un momento de pasaje que todo hacedor de imágenes entonces captó, cada uno a su manera: el rostro humilde de una nación todavía colonial, de caserones de madera y tierra con una o dos plantas como máximo, que poco a poco cedía su lugar al país nuevo y limpio con el que todo venezolano, casi sin excepción, soñó.

De allí el sitio que ocupa en su producción ese otro contraste significativo entre la estructura colonial en tierra y el monumento moderno en hormigón armado, enlazados ambos, mediados, o bien por la ruina de ese presente que estaba desapareciendo, o bien por la del espacio baldío que pronto sería ocupado por el edificio moderno. La única serie voluntariamente pensada por Cortina de la que tengamos constancia, la de las esquinas de Caracas (Figs. 29, 30, 32, 33, 34 y 35), responde precisamente al deseo de captar la imagen de la ciudad y el paisaje que perdían, voluntad que comparte con fotógrafos como Alfredo Boulton, e incluso con artistas plásticos como Manuel Cabré. Algunas vistas del entorno bucólico que cercaba la capital son estrictamente contemporáneas a las del pintor y sorprendentemente cercanas (Figs. 19 y 20).

De las duplas organizadas por Szinetar para este libro, pocas son quizás tan elocuentes para ilustrar este trance como las que podemos ver en las figuras 45 y 46, y 60 y 61. En ambas se observa a la poeta Elizabeth Schön, esposa de Cortina, y quien durante más de treinta años posó para él como punto de anclaje, eje o

Desfile de Carnaval.
Avenida Isaías Medina,
Caracas, 1954

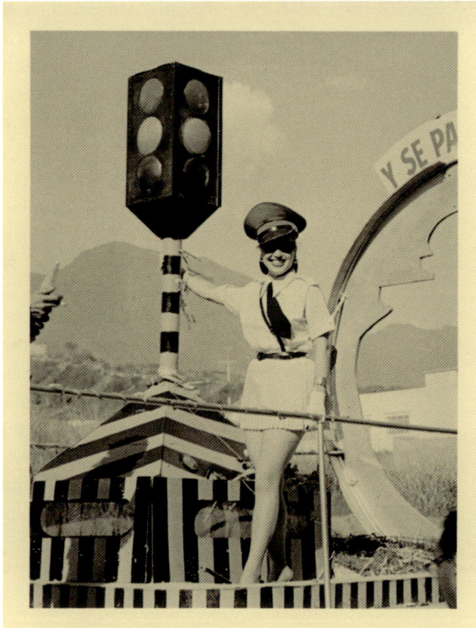

referencia de escala para muchas de sus fotografías. En la primera, ella mira hacia la izquierda –hacia el pasado–, mientras una propaganda de la Philips parece concretar el futuro de progreso y modernidad con el que soñaron, ellos y el país entero. A la derecha, una imagen que para Cortina designaba tal vez ese presente que pensaban dejar atrás, olvidado en el pasado pueblerino y colonial que ella parecía considerar con desgano o indiferencia, pero que un venezolano de hoy solo puede ver con dolor, como si ese presente miserable de Cortina hubiera tomado la delantera dejando atrás, hoy en ruinas, al futuro moderno que imaginaron. La segunda lo dice de nuevo en términos distintos pero complementarios. A la izquierda, Elizabeth posa al lado de una estructura precaria en madera, en una costa descuidada y sucia, mientras a la derecha y con la misma tranquila indiferencia, aunque en una pose más rígida e inesperada, se muestran los rieles de un tren y una estructura moderna. A la izquierda, pues, el mundo que desaparece. A la derecha, la ciudad y el país que aún no surgen, y que apenas algunos hitos arquitectónicos parecían anunciar.

Desde esta perspectiva, Cortina emerge como un individuo perfectamente inscrito en su entorno histórico y cultural, en total sincronía con su tiempo, compartiendo sus esperanzas futuristas y quizás, también, sus desvaríos. Otro es, sin embargo, el perfil que se dibuja en su lenguaje fotográfico, medido y distante, más claramente legible desde las prácticas fotográficas que se elaboran entonces en Europa y el resto de los países desarrollados –que le son estrictamente contemporáneas–, en algunos momentos de Harry Callahan en los Estados Unidos, donde la figura humana solitaria funciona también como elemento de contraste y escala, o en las series programadas de la infraestructura industrial alemana, tal y como la realizaron Bernd y Hilla Becher, por ejemplo.

Y es que esa mirada fría o «seca»[3] de su fotografía, que no parece tomar partido por el paisaje que capta –aunque sus puntos de vista no siempre carezcan de interés–, y hasta la actitud programada y artificial que toma su esposa cuando posa ante él, lo distancia abiertamente de sus contemporáneos venezolanos, Alfredo Boulton a la cabeza, quienes buscaban enaltecer la belleza del paisaje nacional, siguiendo en ello el ejemplo de Ansel Adams en los Estados Unidos. Y por eso excluye programáticamente las tomas en picado o contrapicado –demasiado modernas–, los choques mar-

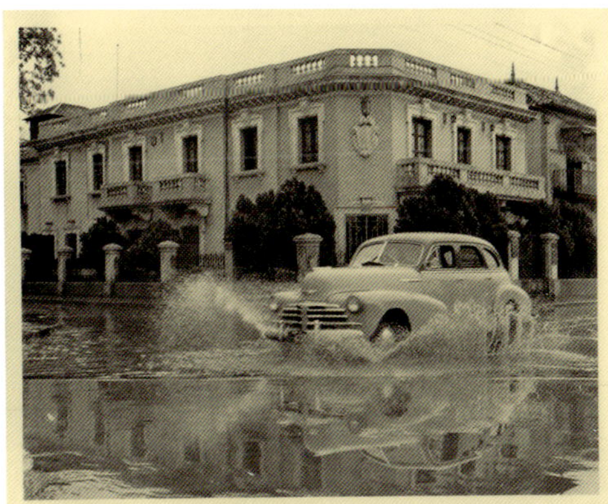

Sin título, ca. 1940

S/A, Alfredo Cortina, Caracas, *ca.* 1950

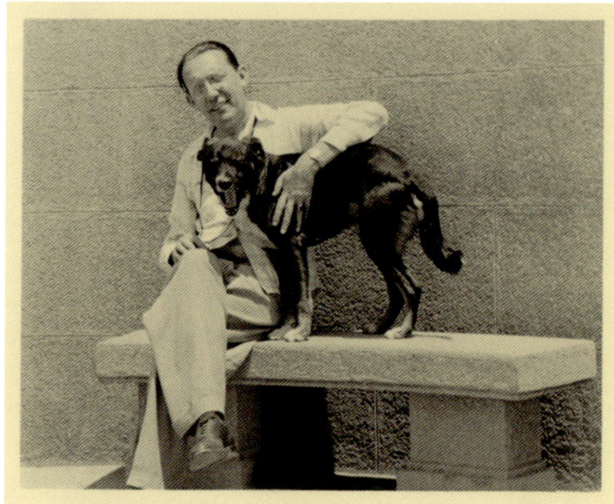

cados de luz y de sombra, las situaciones enfáticas e incluso el contacto visual con su modelo, como sucede en particular en toda la serie que le dedica a su esposa o donde ella, mejor dicho, sirve de pretexto o de eje referencial y temporal. Porque lo particular de este conjunto es el contraste que se dibuja entre la figura de esa mujer elegante, que posa siempre de la misma forma –mirando desinteresadamente hacia la izquierda o la derecha, en posiciones hieráticas, a una distancia prudencial, y a la que vemos envejecer lentamente– y, detrás de ella y en el mismo tranquilo silencio, un país que se expone en sus disparidades, en su belleza y su miseria, como si ella estuviera allí simplemente como pretexto para detenerse ante un lugar y en un momento que de lo contrario hubiera pasado desapercibido. Es como si dijéramos que sin ella, sin la ocasión que su retrato permite, nada allí hubiera justificado que nos detuviéramos. Como si el autor de la imagen que se nos presenta hubiera propiciado un ligero acontecimiento cuya única función es dejar que algo suceda, eso que ocurre detrás y en torno al personaje principal y que muestra –o es mostrado– con la distancia calculada del científico que realiza un experimento. Casi podríamos afirmar que Cortina no ha hecho otra cosa sino armar el escenario fotográfico donde ese acontecimiento debe darse, donde ese algo debe suceder desinteresadamente; es decir, sin que nuestra mirada lo busque o lo solicite, y sin que ese algo, tampoco, nos requiera. La inclusión de una fotografía de Carlos

Puche, su amigo de siempre, donde podemos verle ante su modelo, parecen confirmar la importancia que tuvo para él esta sistemática puesta en escena, repetida invariablemente, durante décadas enteras (Pág. 96).

Hay allí, en esa distancia autoral, una especie de experimento fenomenológico que hace que podamos ver en su fotografía una suerte de trampa de hechos o para los hechos, y que por lo tanto se nos haga plausible describirla en los términos mismos que emplea Carlos Cruz-Diez para sus *Fisicromías*. Ellas son, dice el artista cinético, «trampas de luz», «soporte de acontecimientos», y su única función es justamente la de generar las condiciones para que esos sucesos se den ante nosotros. Y cierto es que ningún venezolano –y posiblemente ningún observador atento– puede ver esta serie de imágenes sin que emerja de ellas, y como si espontáneamente germinara, entre una y otra, una multitud de relatos, los que cada quien construye en función de sus circunstancias; de los lazos que lo unen o no al paisaje y a los lugares que se hacen visibles, al tiempo que pasa parsimoniosamente mientras envejece la mujer que se entrega, sumisa, al lente de la cámara. Sin apuro, sin estados de ánimo, aceptando su rol de parámetro, de eje revelador de un acontecimiento: la vida que transcurre día a día, segundo a segundo, en un pequeño rincón del planeta Tierra llamado Venezuela.

[1] Maurice Merleau-Ponty, *Signes*. Gallimard, París, 2008, p. 67.

[2] Las fechas seleccionadas se encuentran entre la muerte del dictador venezolano Juan Vicente Gómez (diciembre de 1935) y el llamado *Caracazo*, un estallido social que marcó un punto de quiebre incuestionable en el imaginario venezolano.

[3] Seco es el término que empleaba Marcel Duchamp para calificar el dibujo técnico e inexpresivo de su Gran Vidrio o *La mariée mise à nu par ses célibataires, même*, 1915-1923.

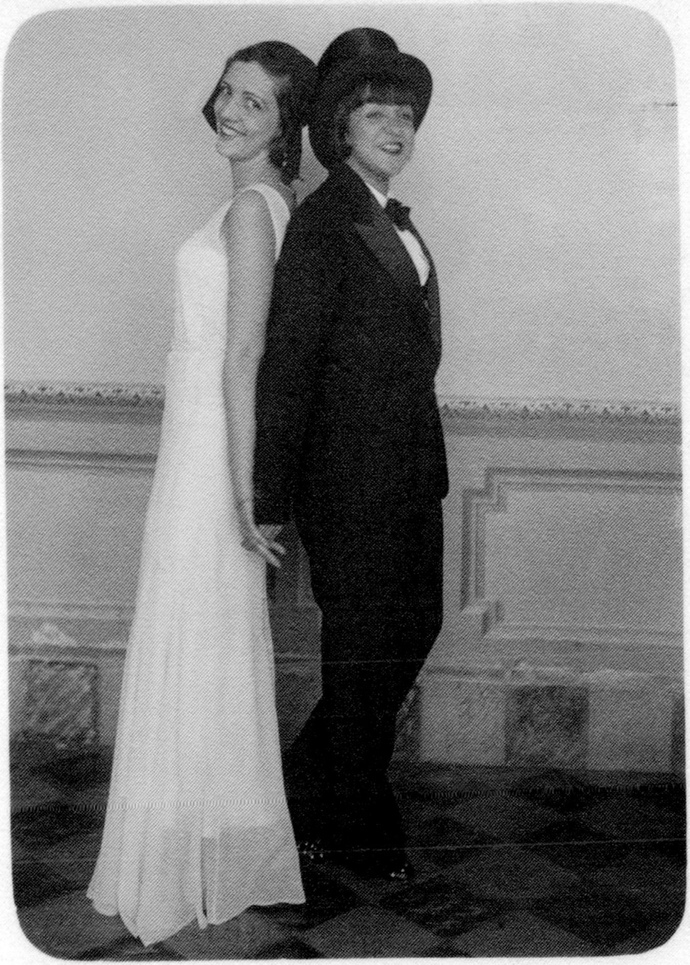

01. Isabel Braun Kerdel (izq.) y Alida de Espinoza Unda. Casa de los Braun de Salas a Caja de Agua, 1929

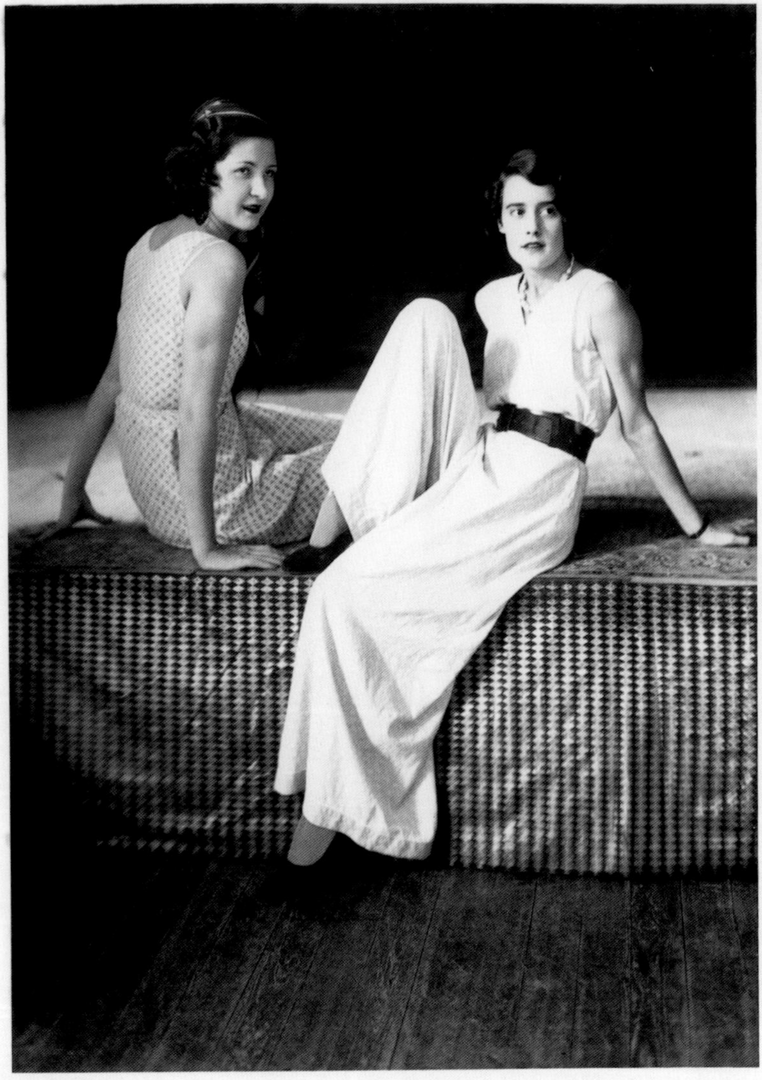

02. Pomponet Planchart (izq.) y Graciela Rousset, ca. 1926

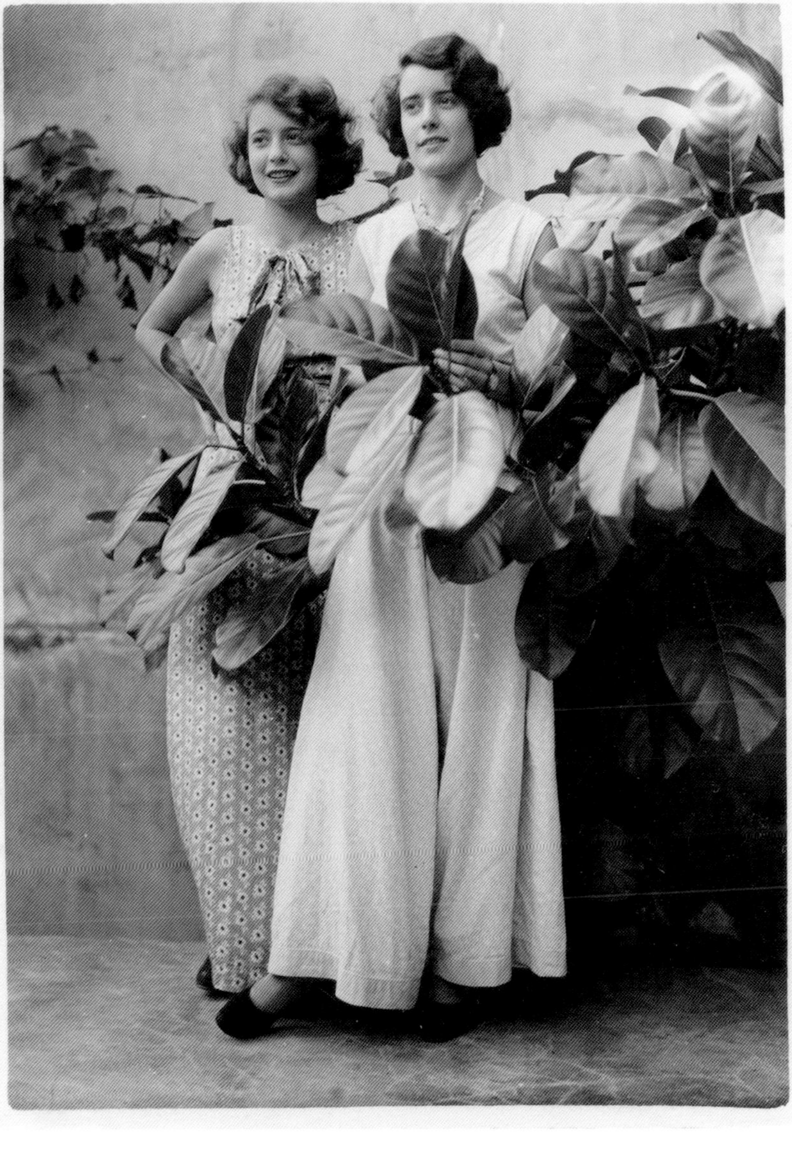

03. Dede Rousset, Graciela Rousset, 1928

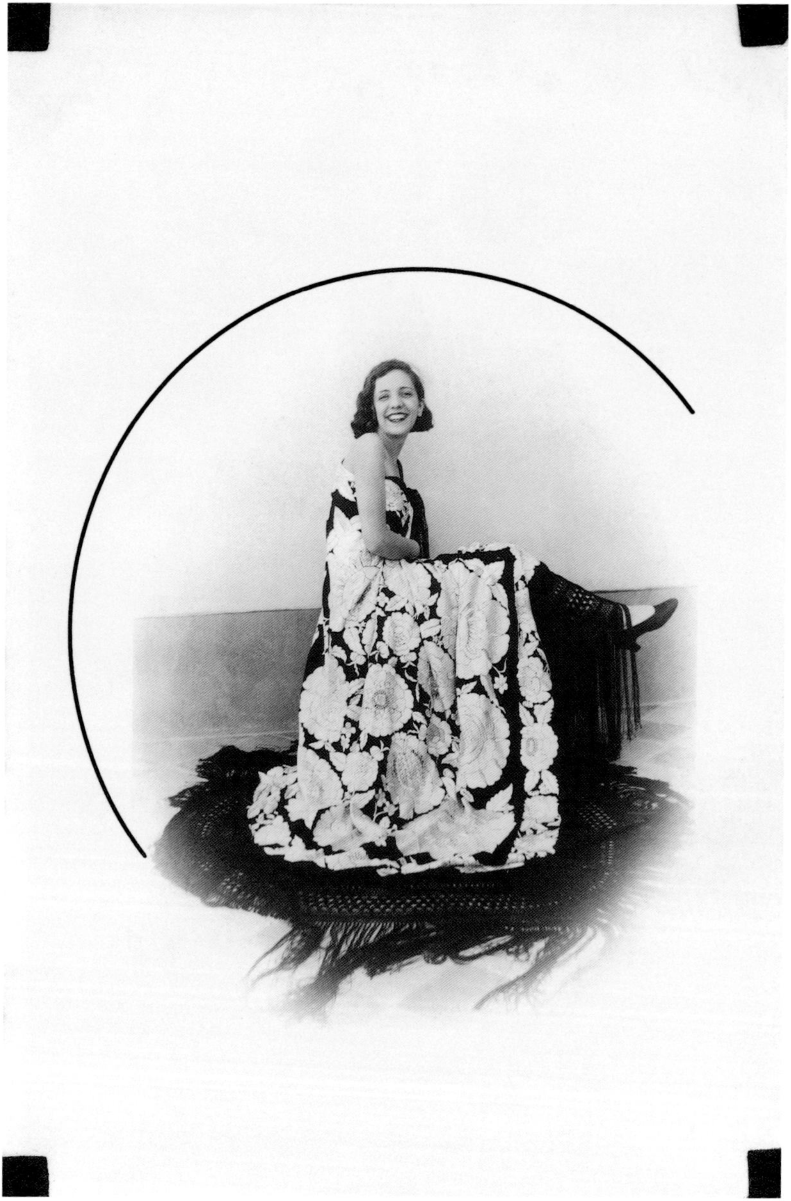

04. Isabel Braun Kerdel. Casa de los Braun de Salas a Caja de Agua, 1928

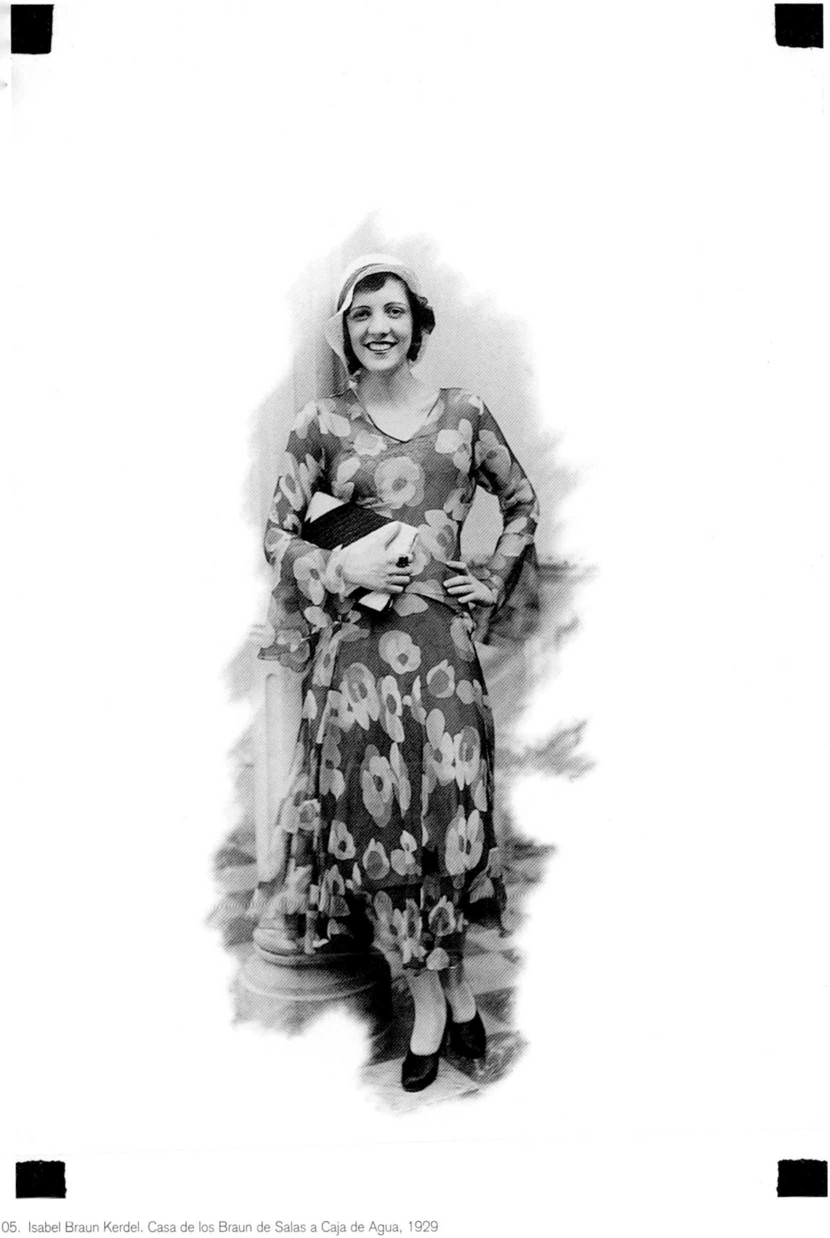

05. Isabel Braun Kerdel. Casa de los Braun de Salas a Caja de Agua, 1929

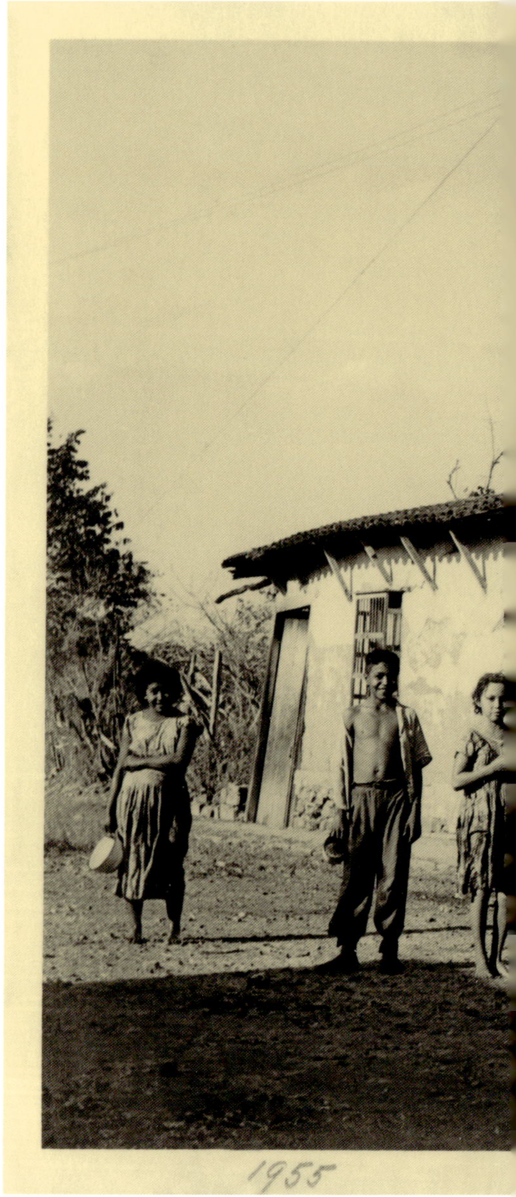

06. Ortiz, 1955

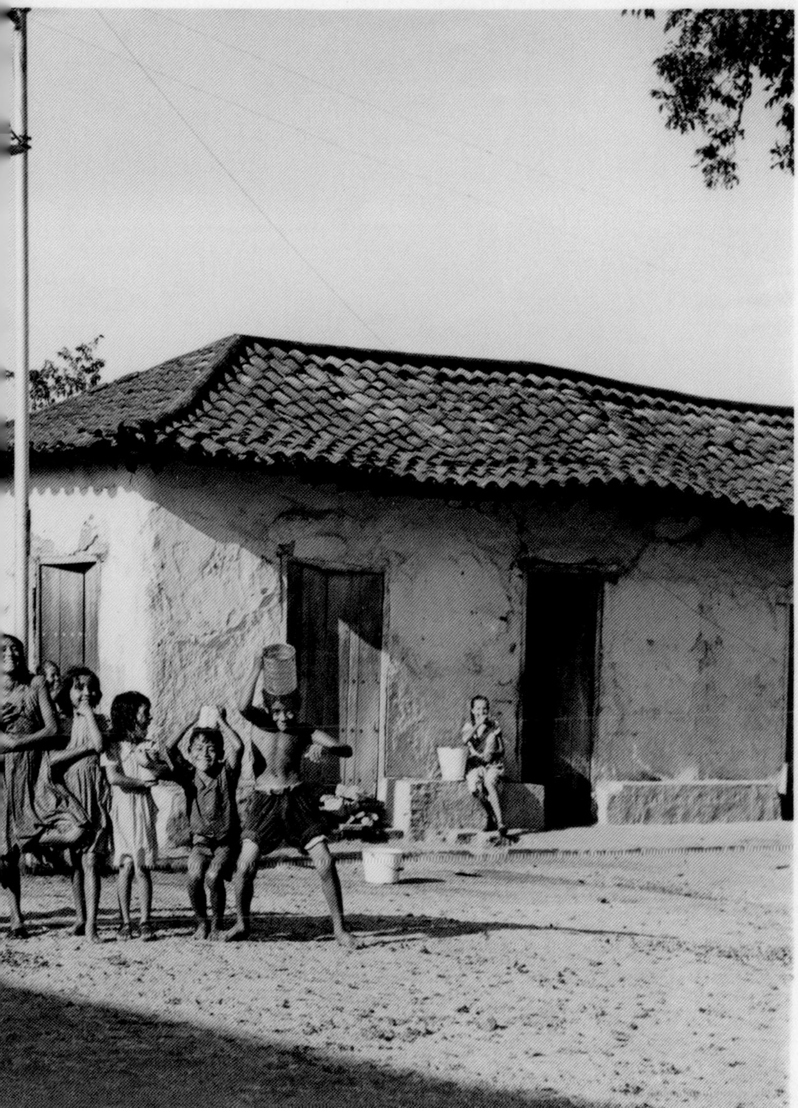

ORTIZ

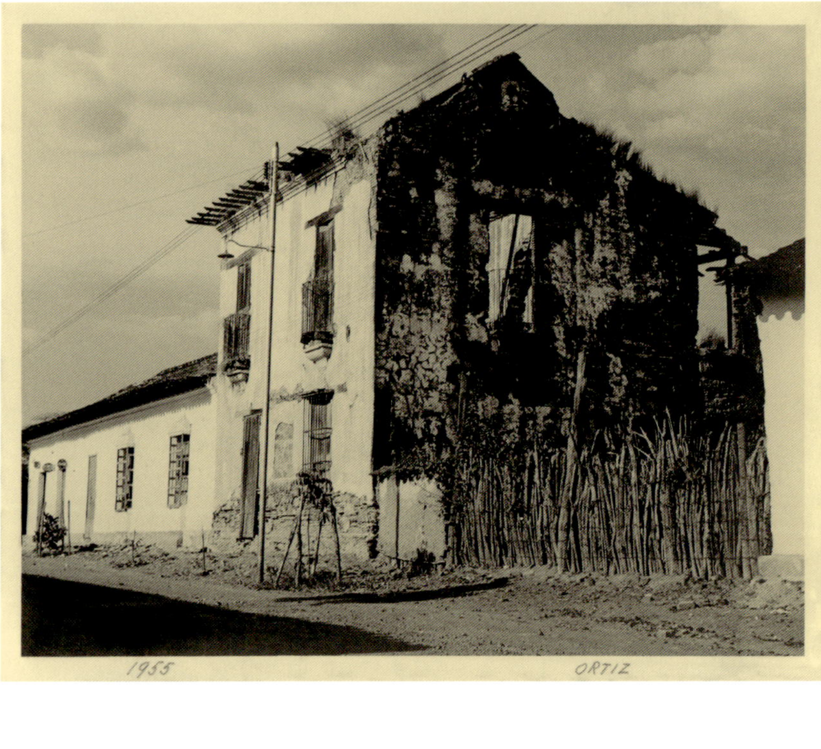

07. Ortiz, 1955

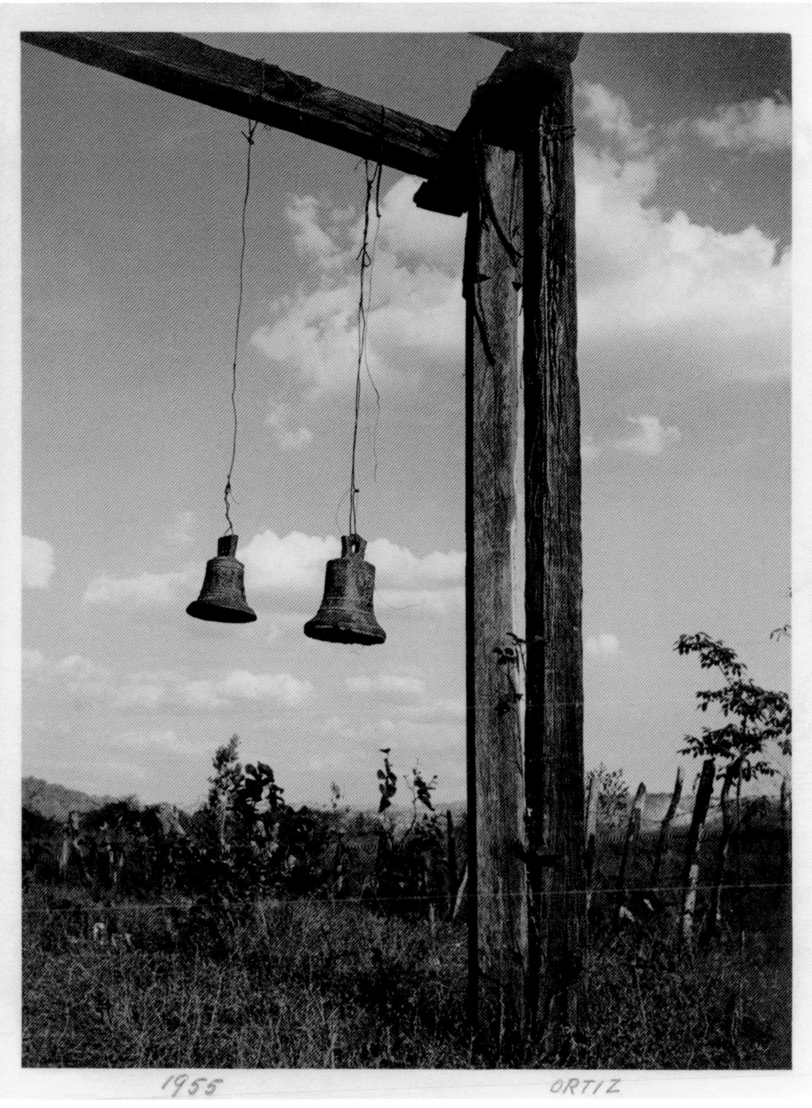

08. Ortiz, 1955

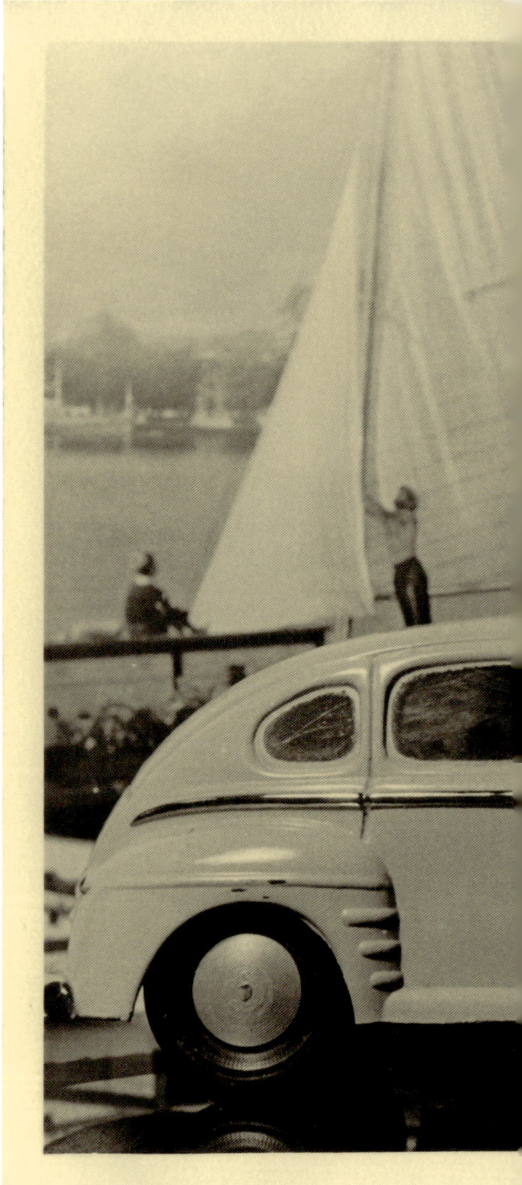

09. Sin título, ca. 1955

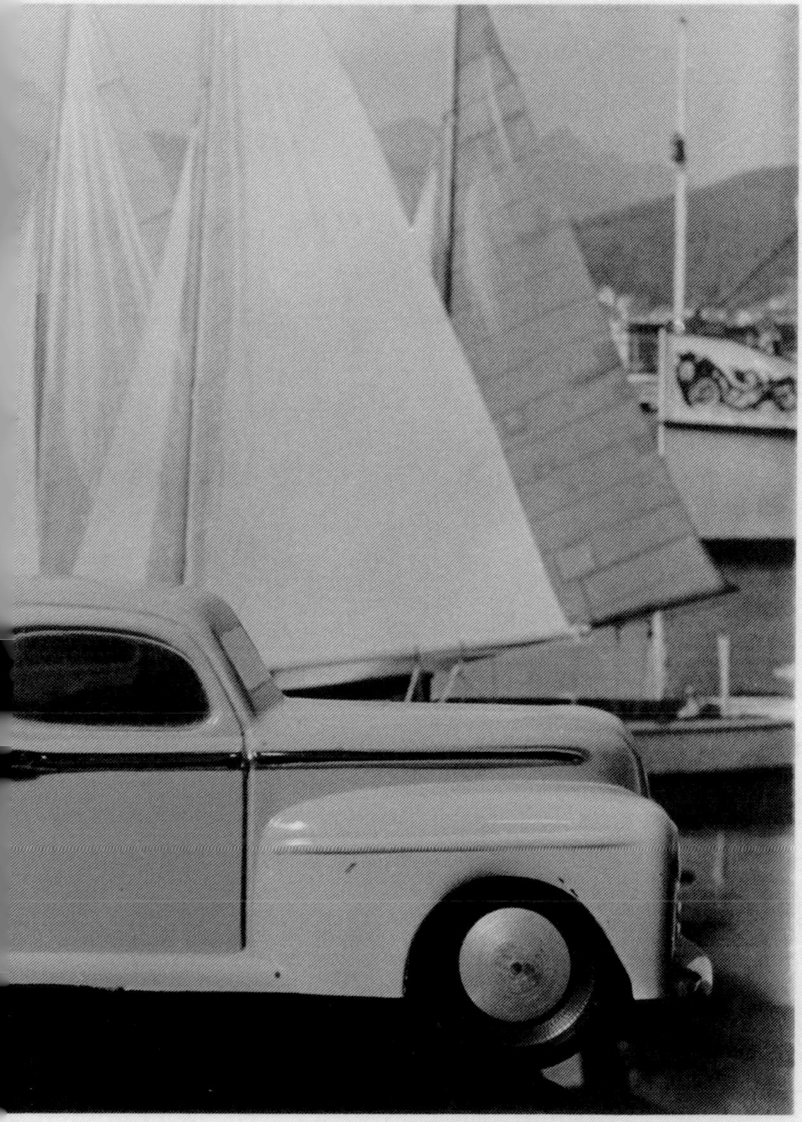

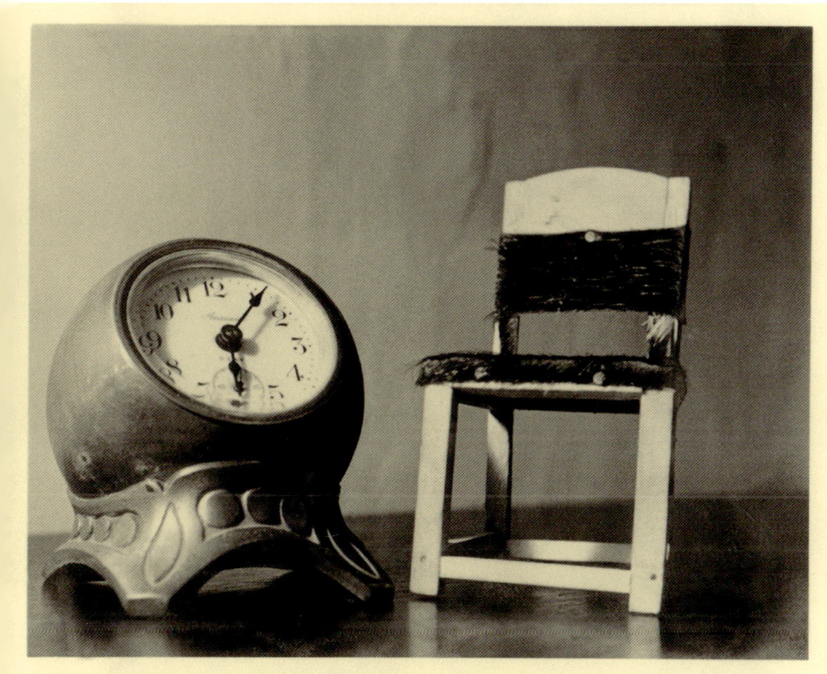

10. Sin título, ca. 1955

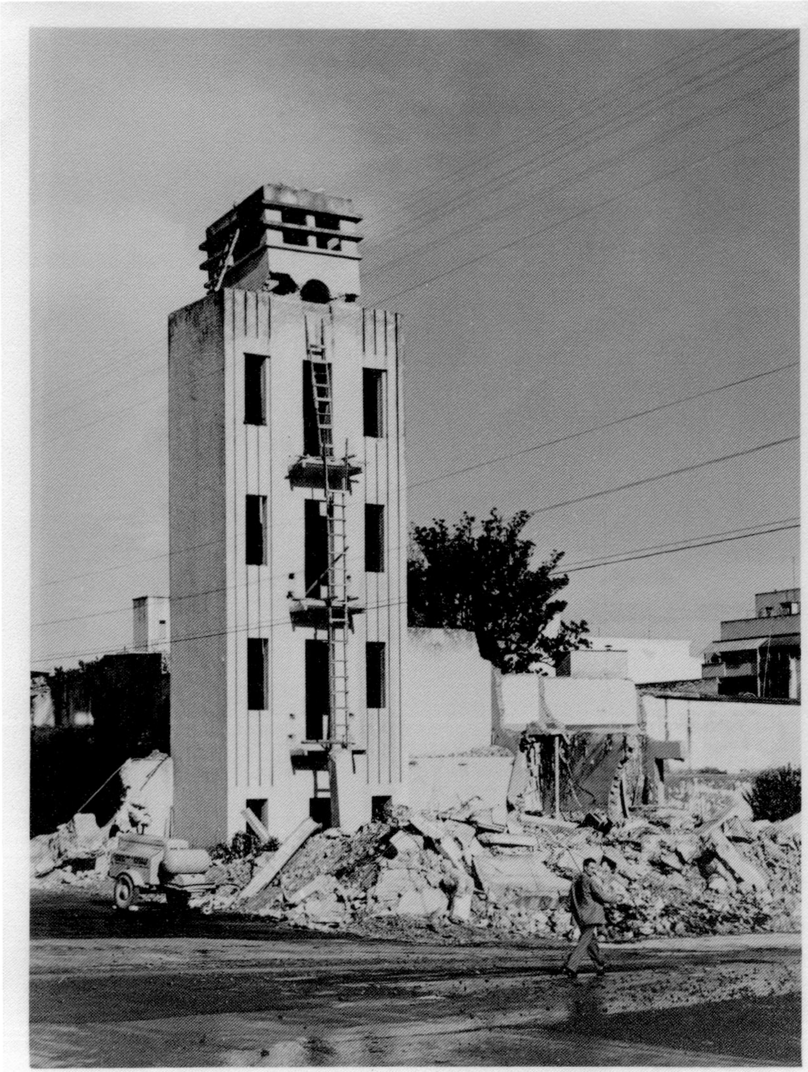

11. Plaza López. Torre de bomberos, 1953

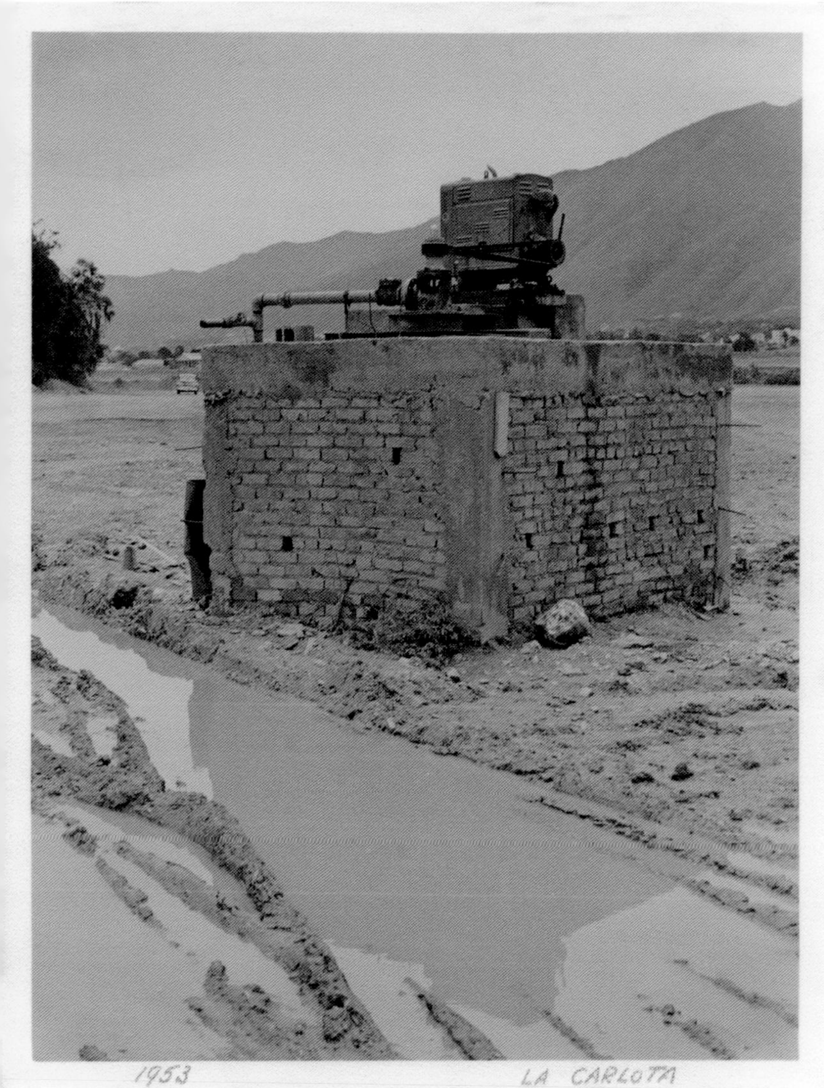

12. La Carlota, 1953

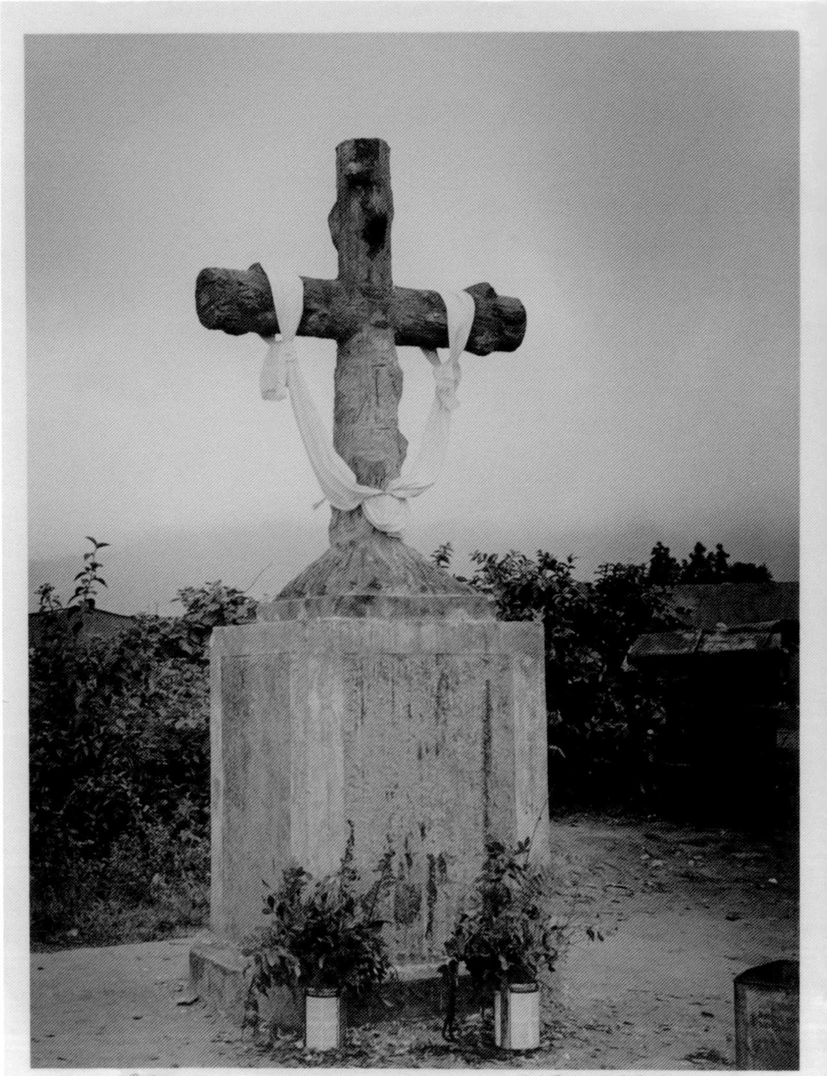

13. Carayaca, 1954

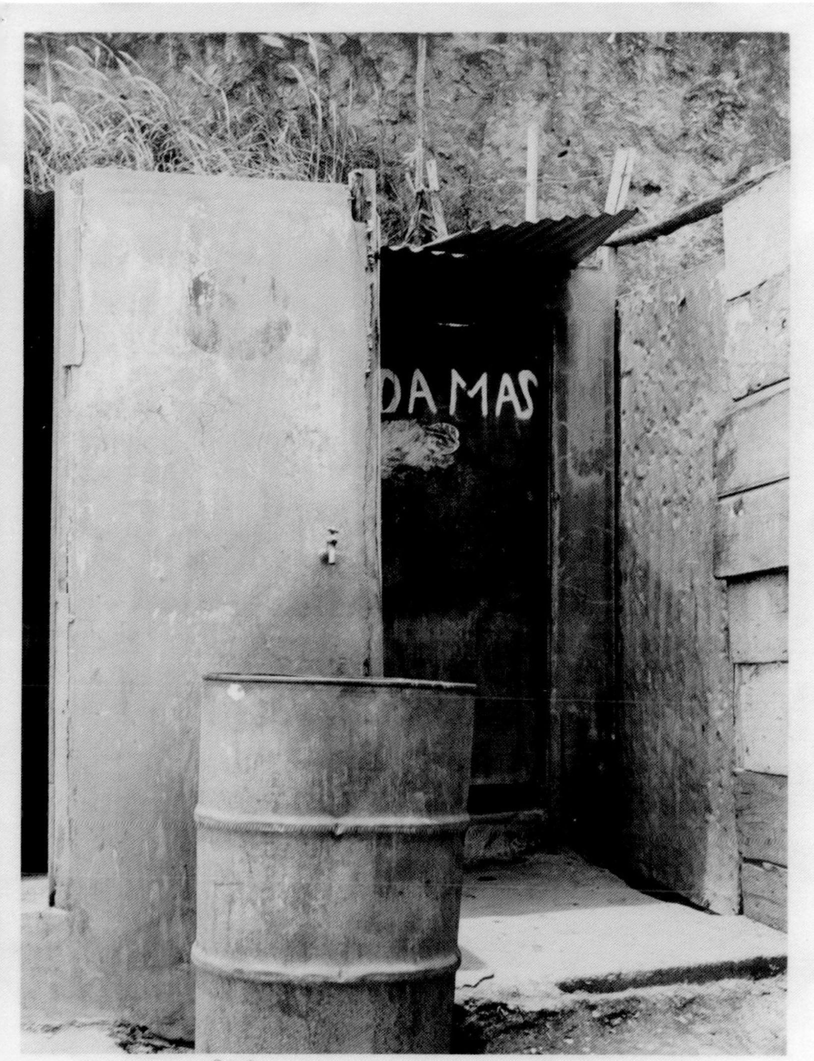

14. Boquerón, 1955

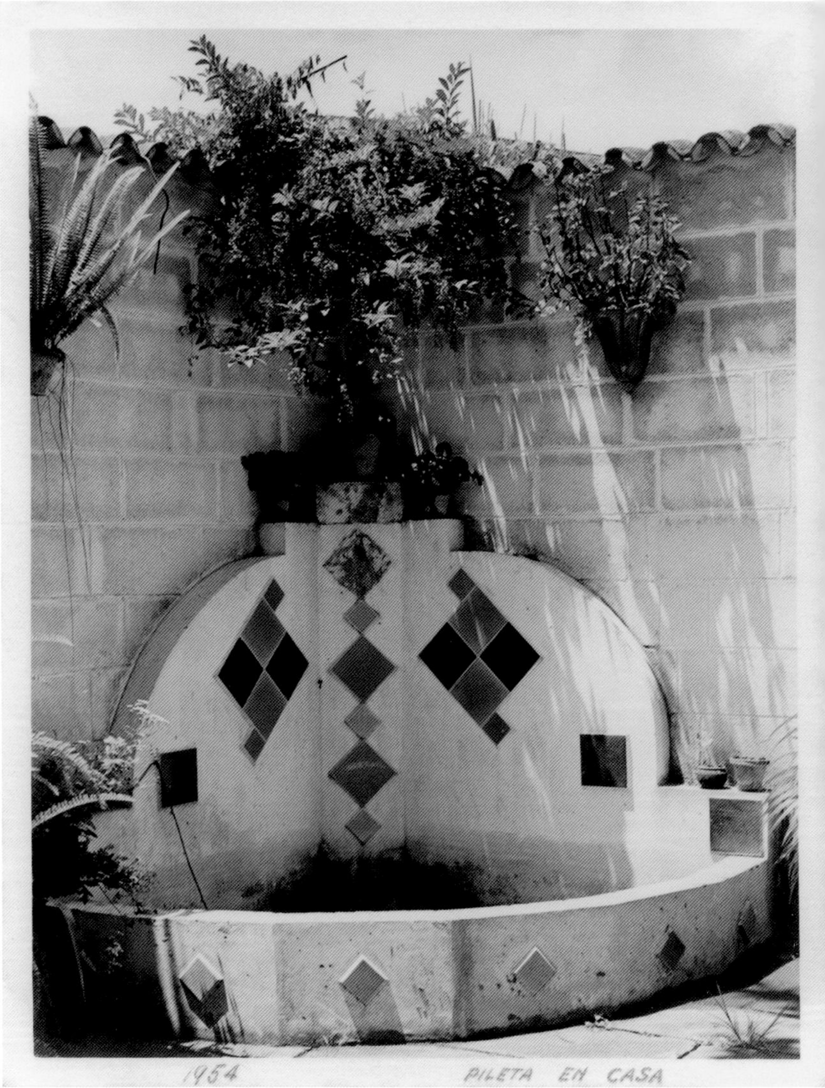

15. Pileta en casa, 1954

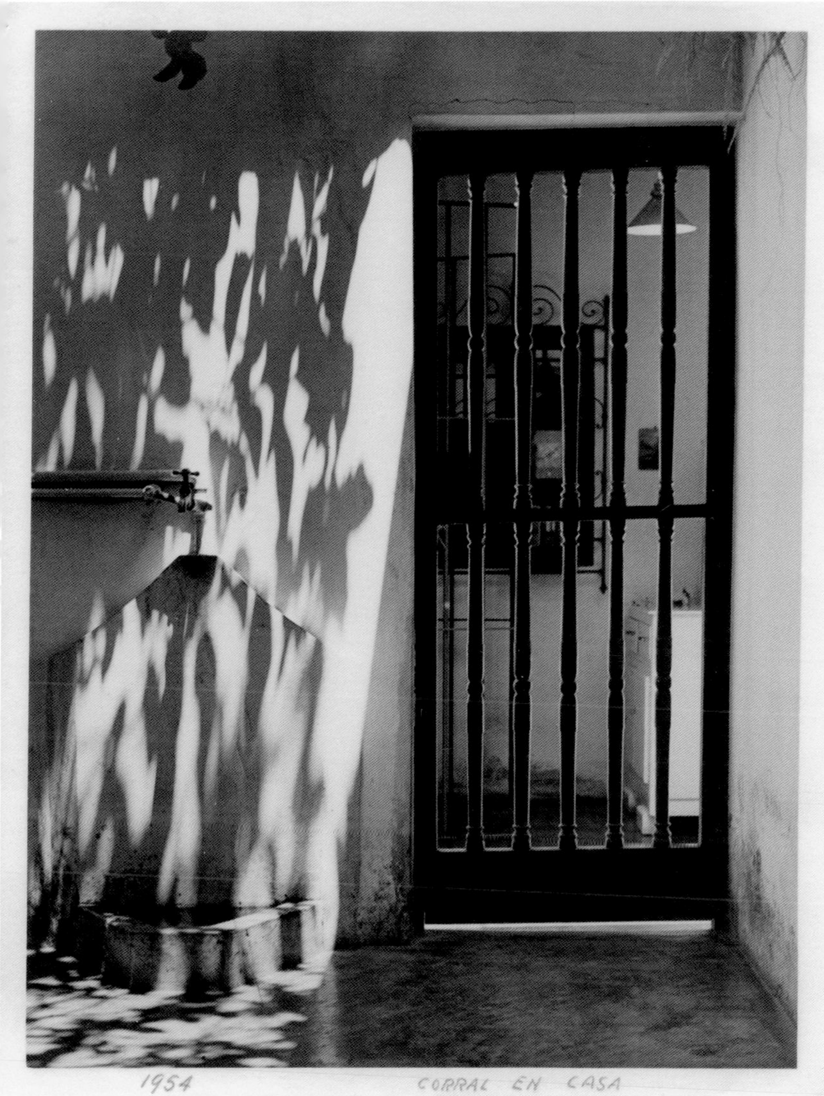

16. Corral en casa, 1954

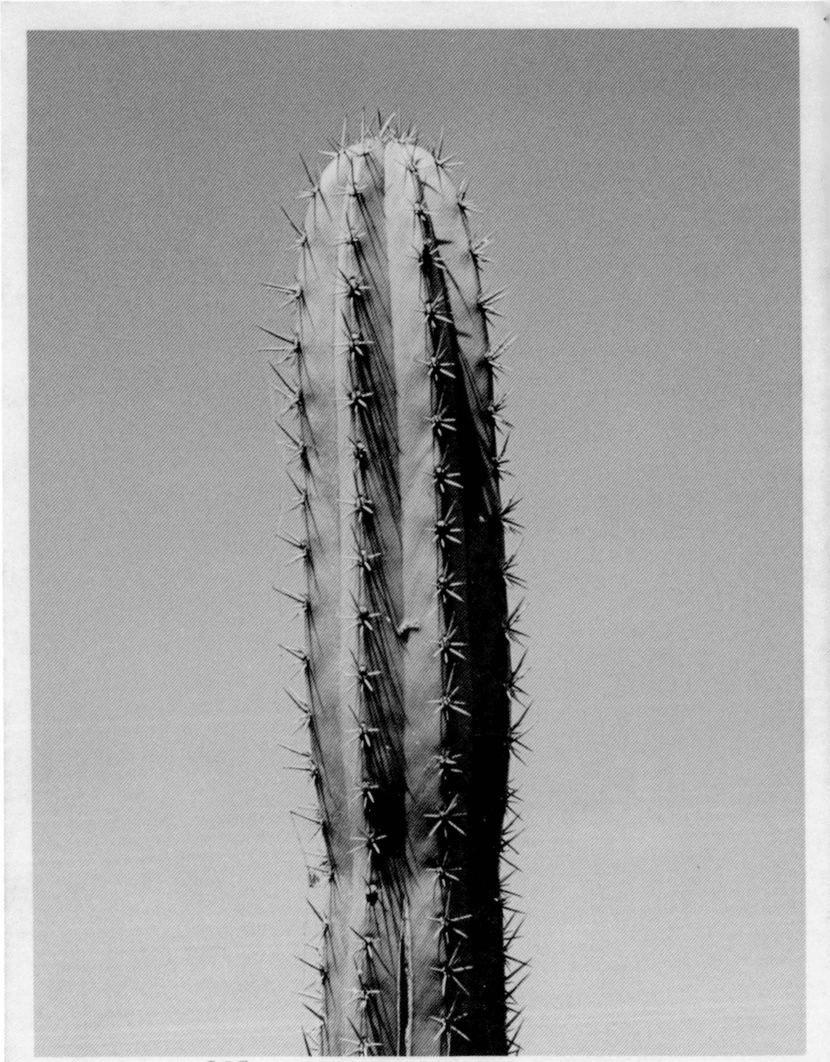

17. Cactus, 1955

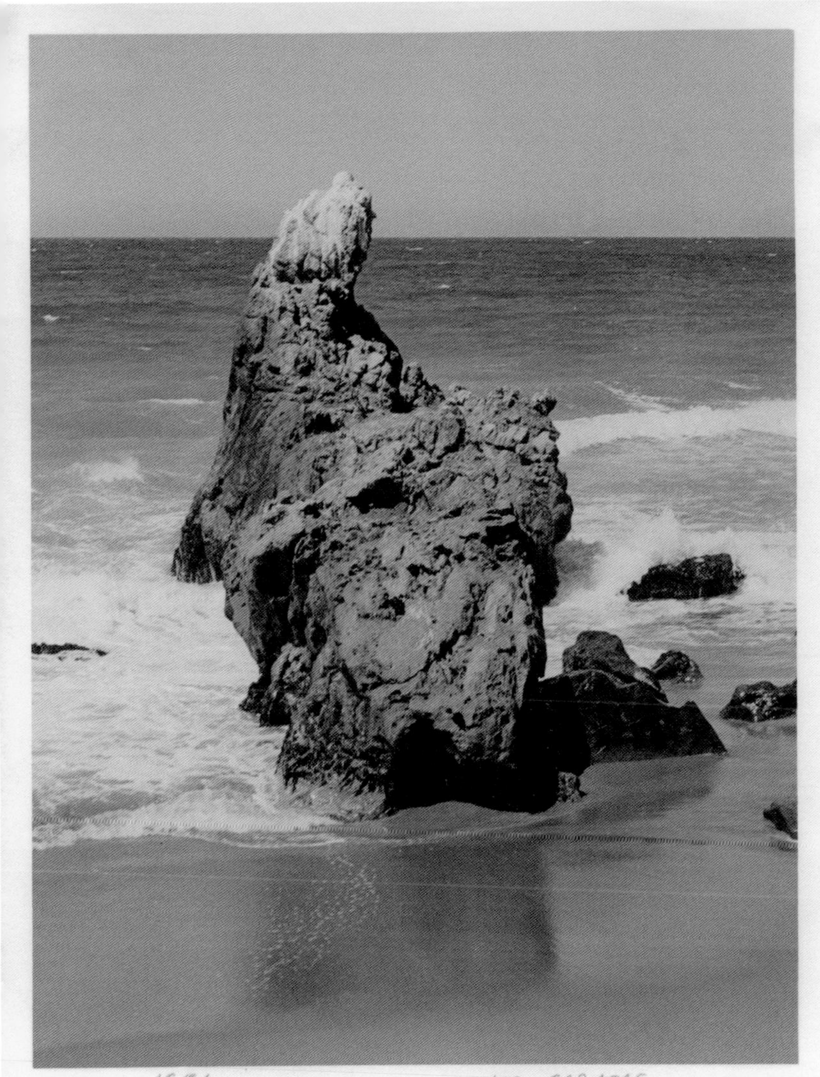

18. Los Caracas, 1954

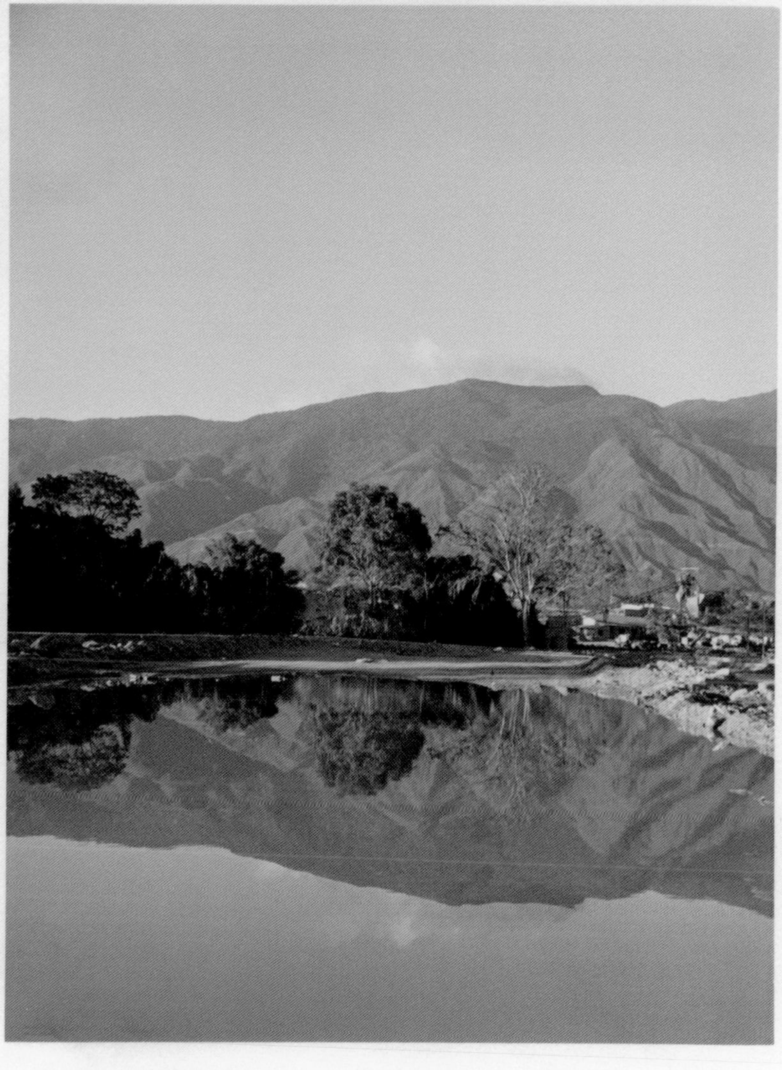

19. Sin título, ca. 1955

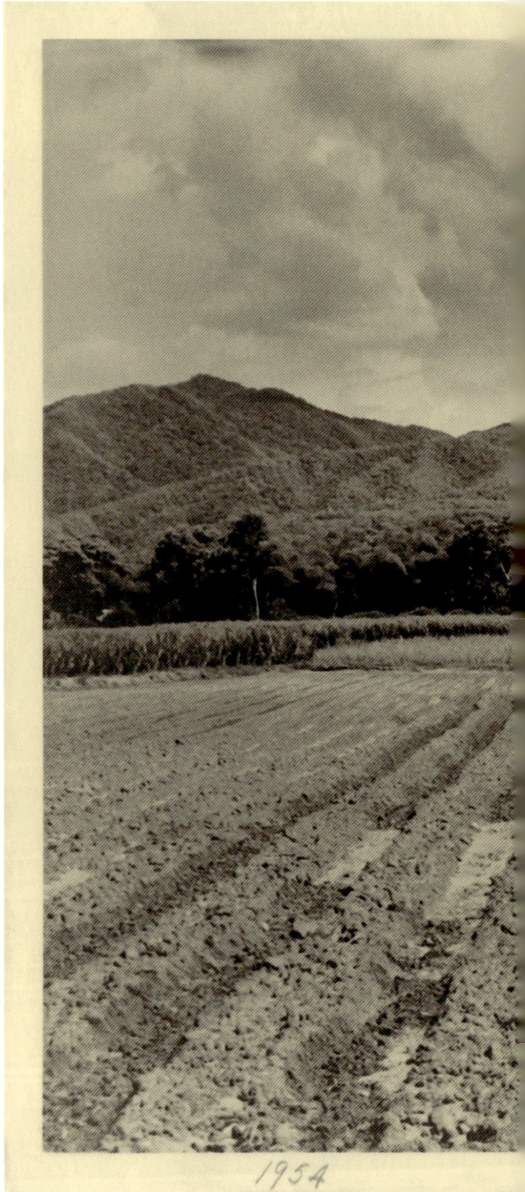

20. Guarenas-Guatire, 1954

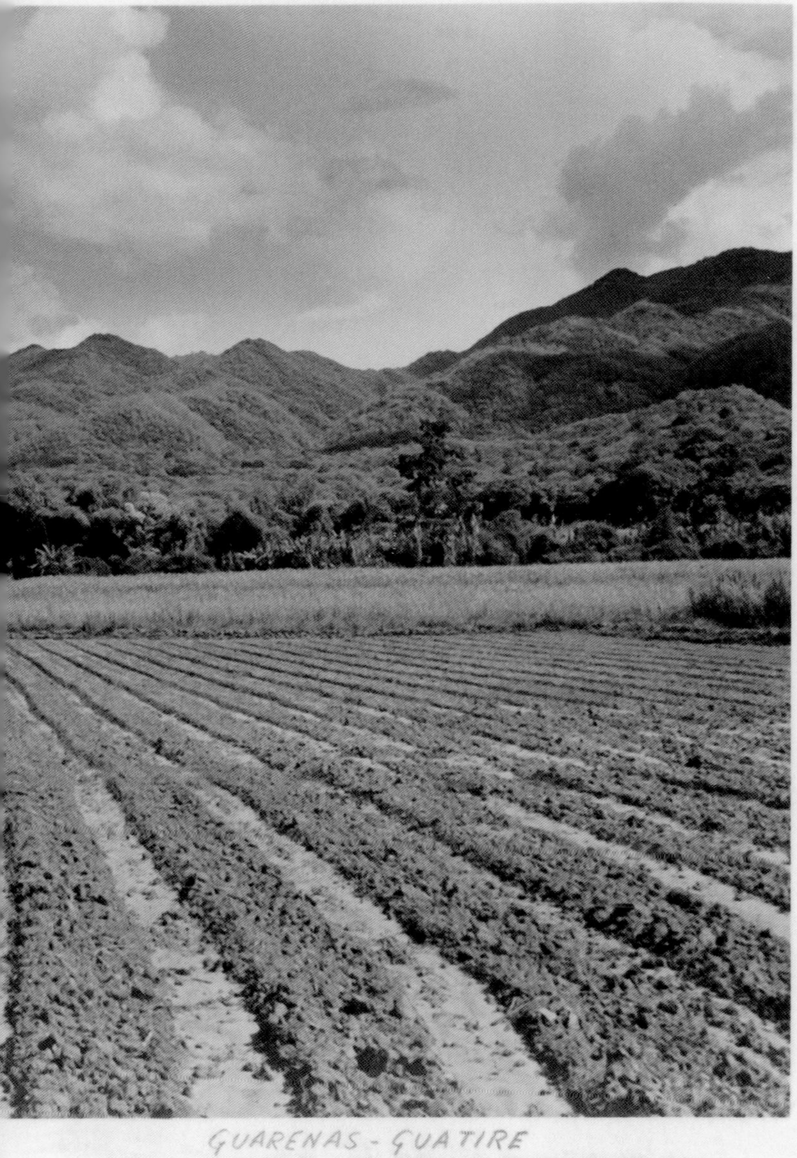

GUARENAS - GUATIRE

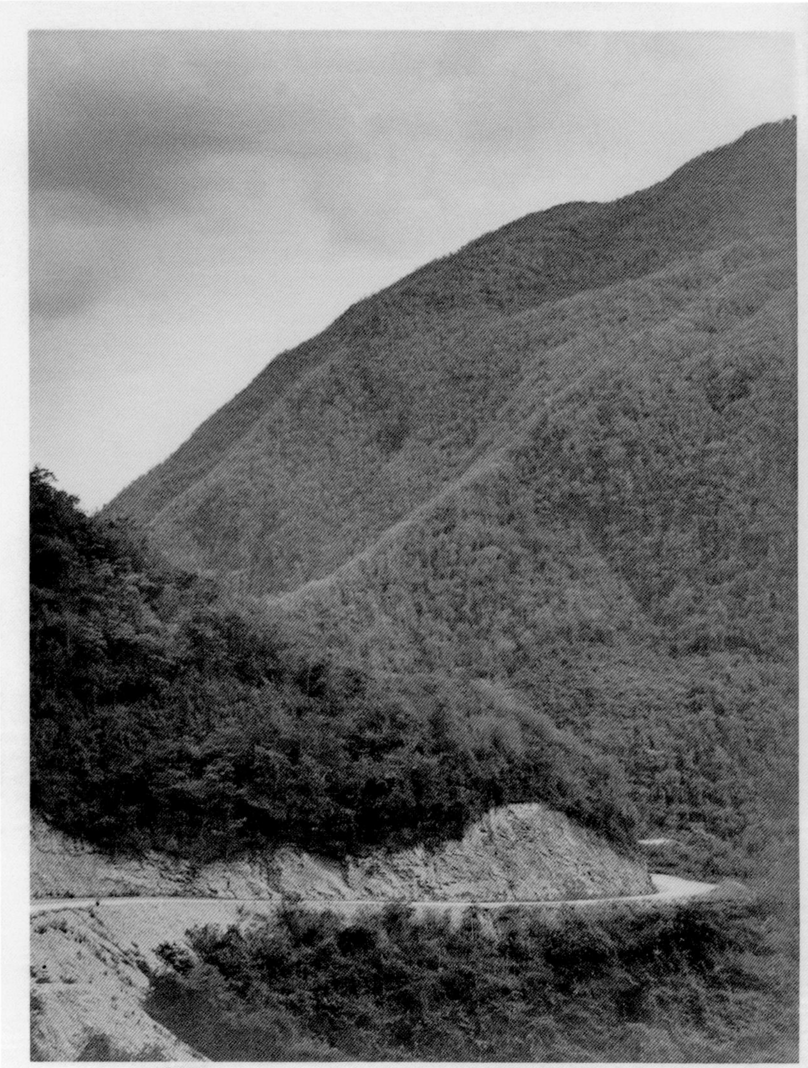

21. Carretera a Carayaca, 1954

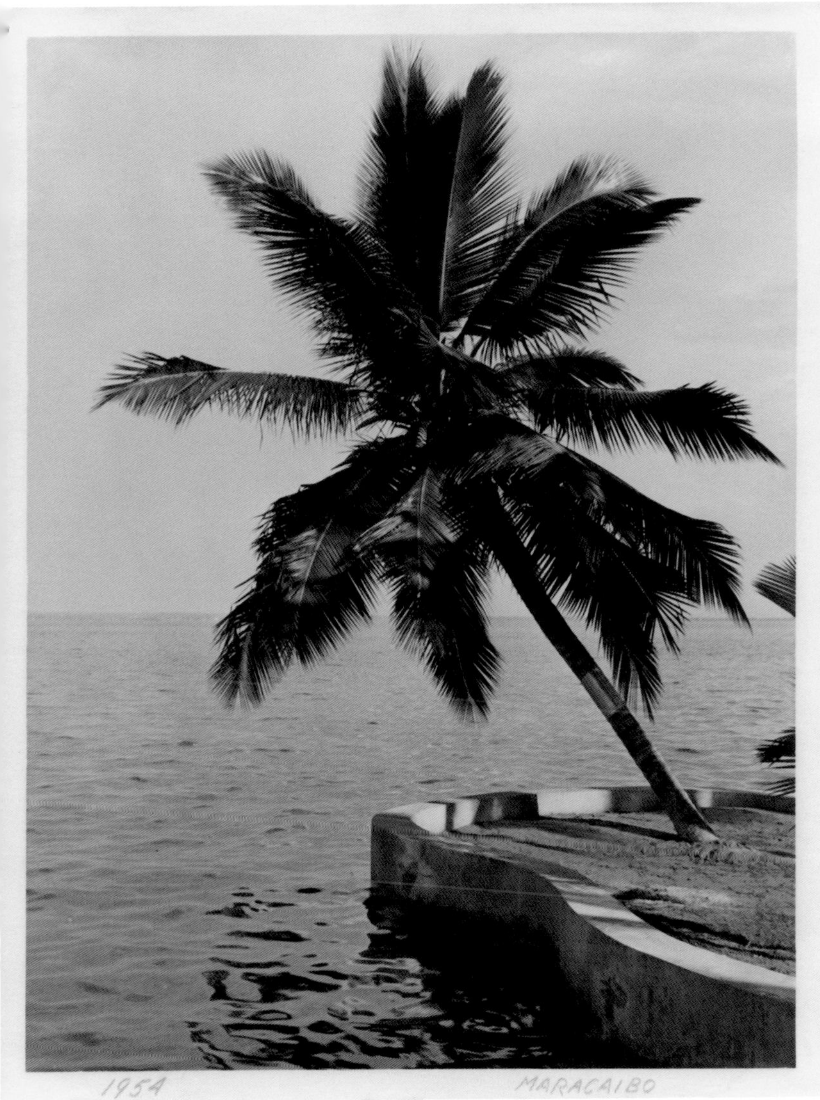

22. Maracaibo, 1954

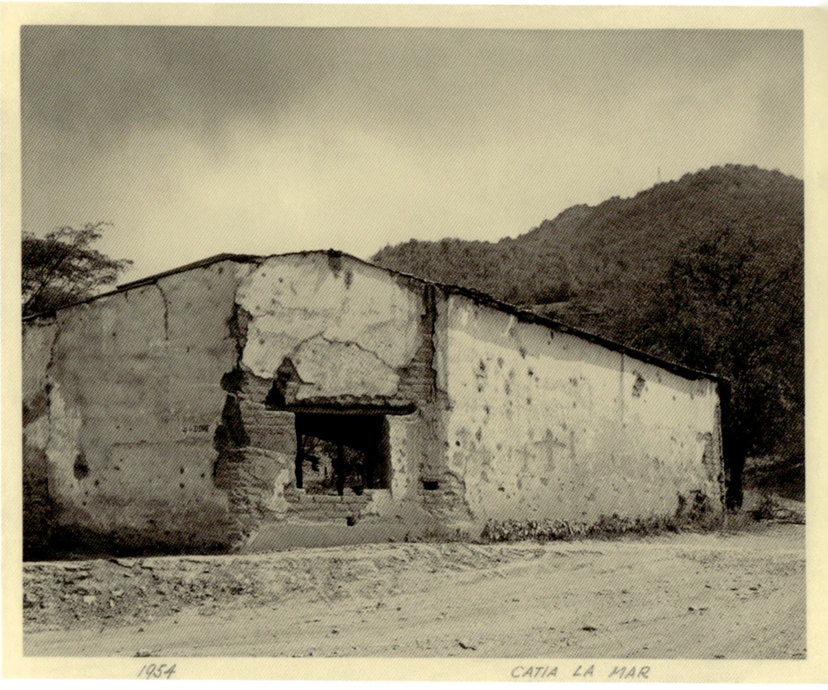

23. Catia La Mar, 1954

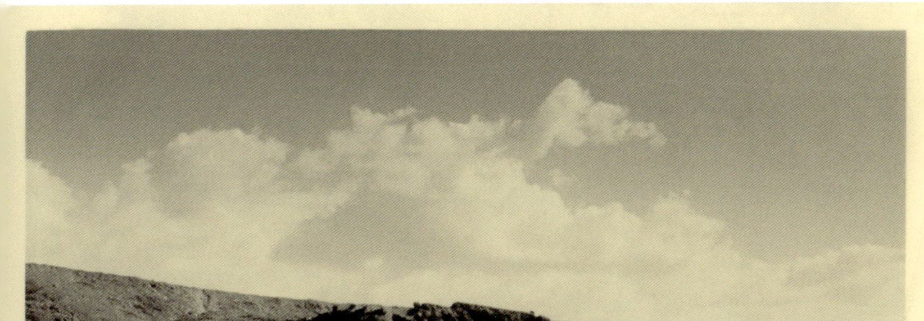

24. Cabo Blanco, 1954

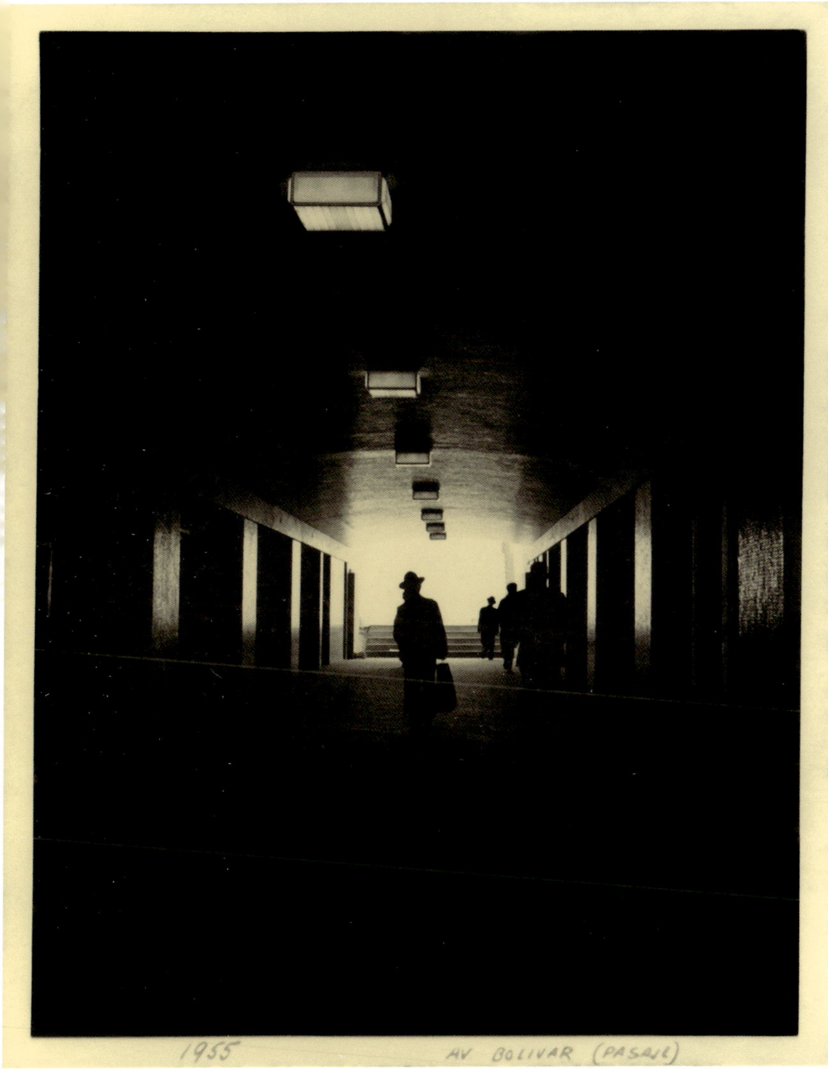

25. Avenida Bolívar. Pasaje, 1955

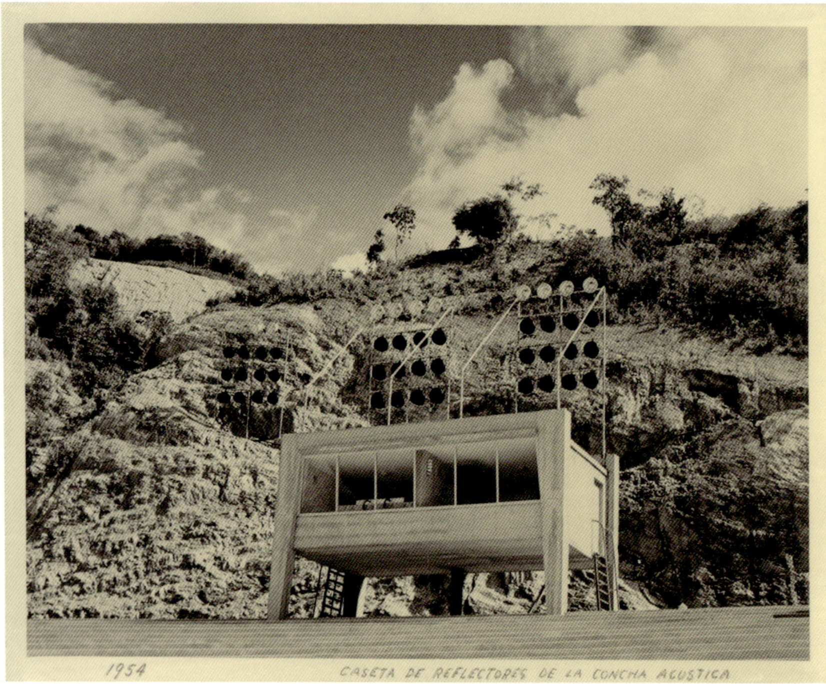

26. Gaceta de reflectores de la Concha Acústica, 1954

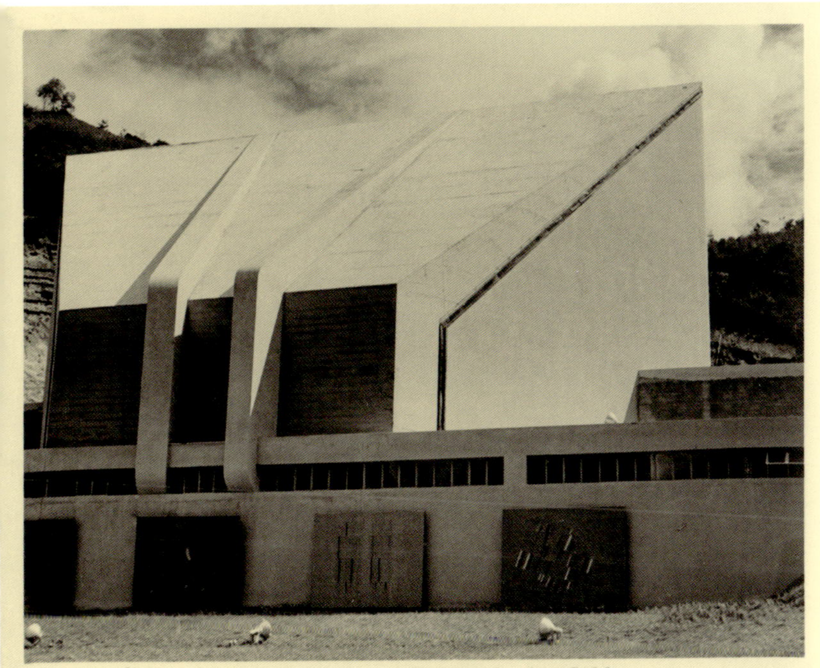

27. Concha Acústica, 1954

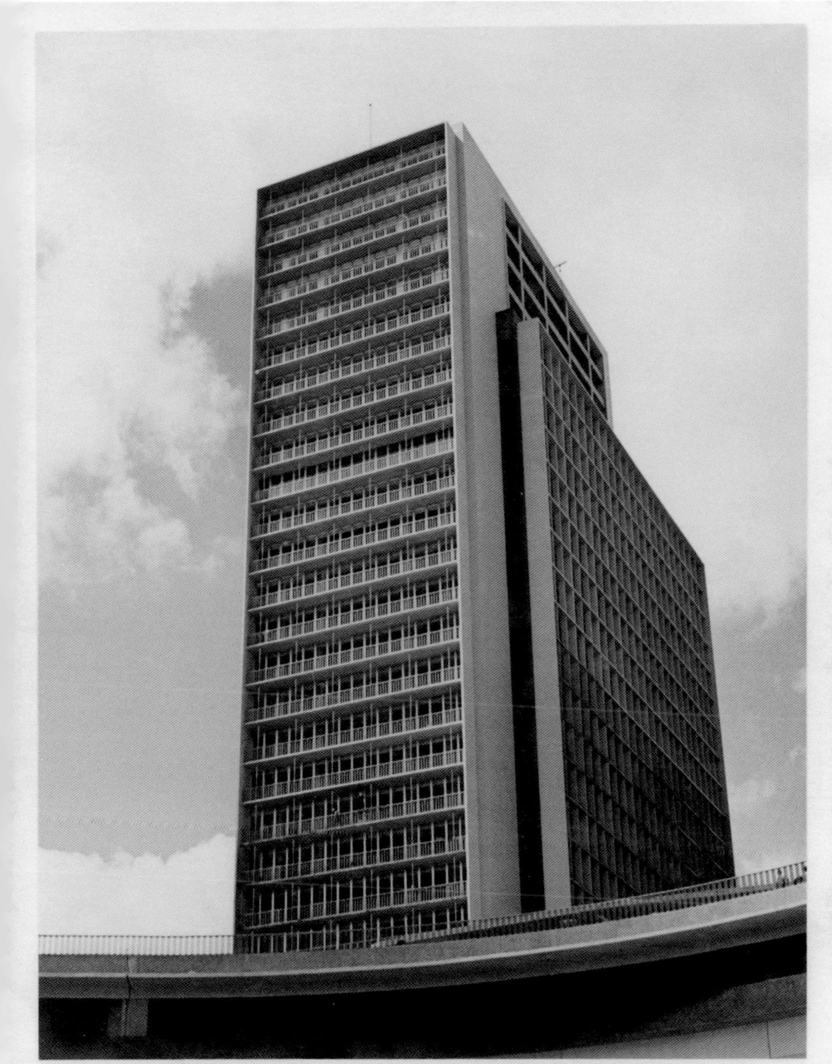

28. Torre Sur, 1955

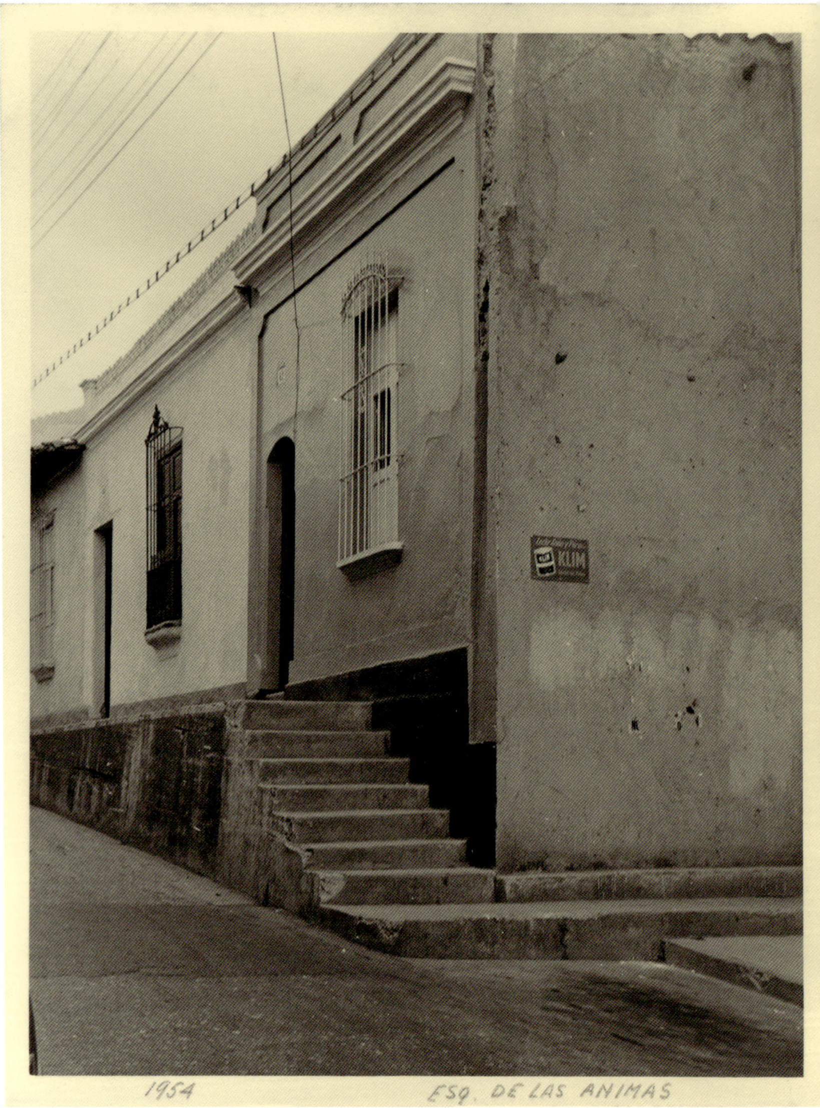

29. Esquina de las Ánimas, 1954

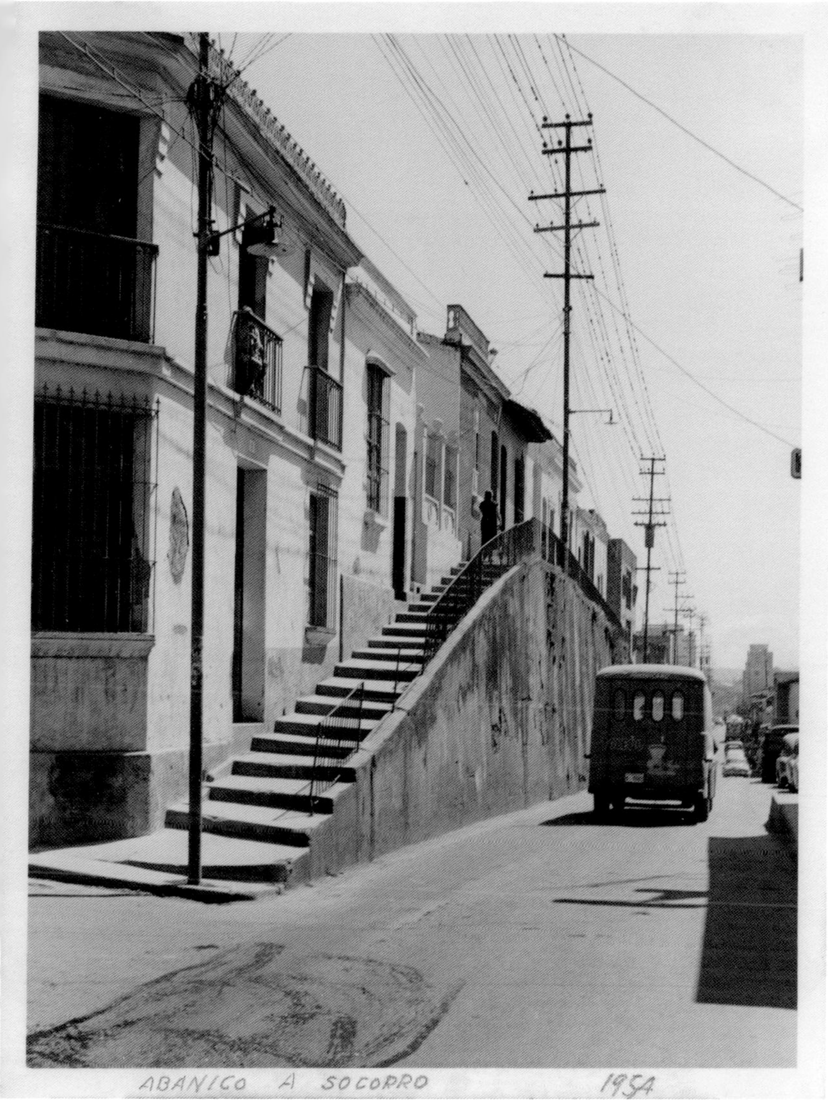

30. Abanico a Socorro, 1954

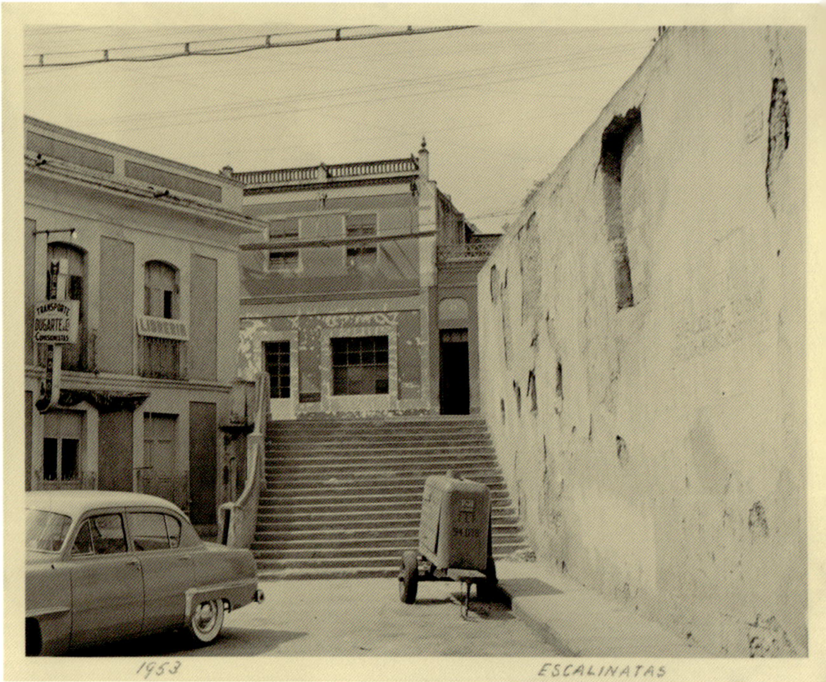

31. Escalinatas, 1953

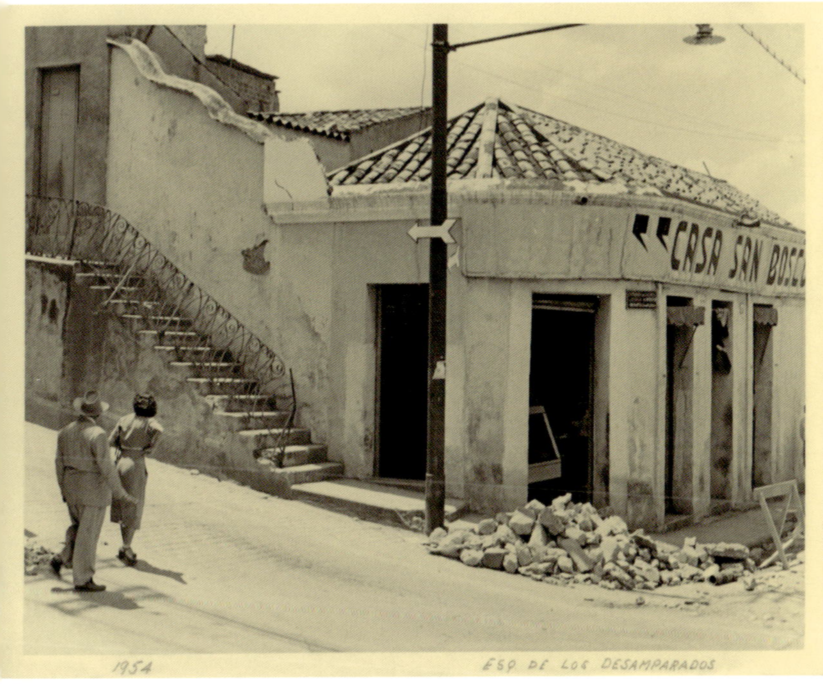

32. Esquina de los Desamparados, 1954

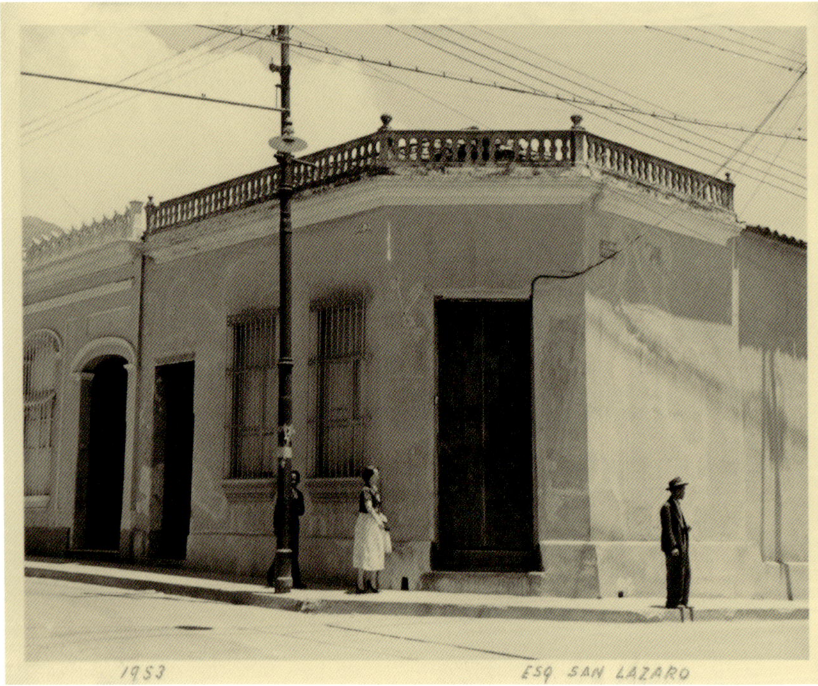

33. Esquina San Lázaro, 1953

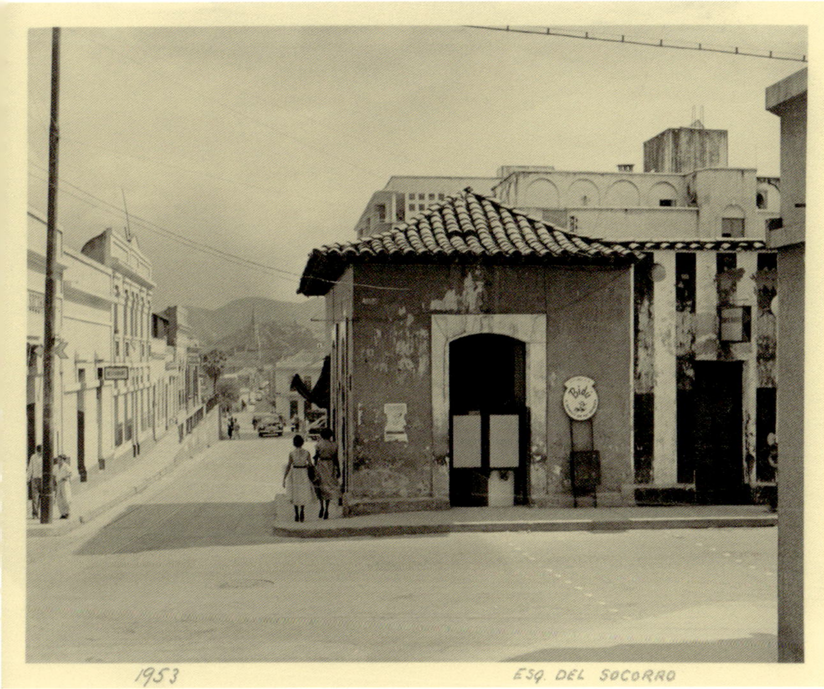

34. Esquina del Socorro, 1953

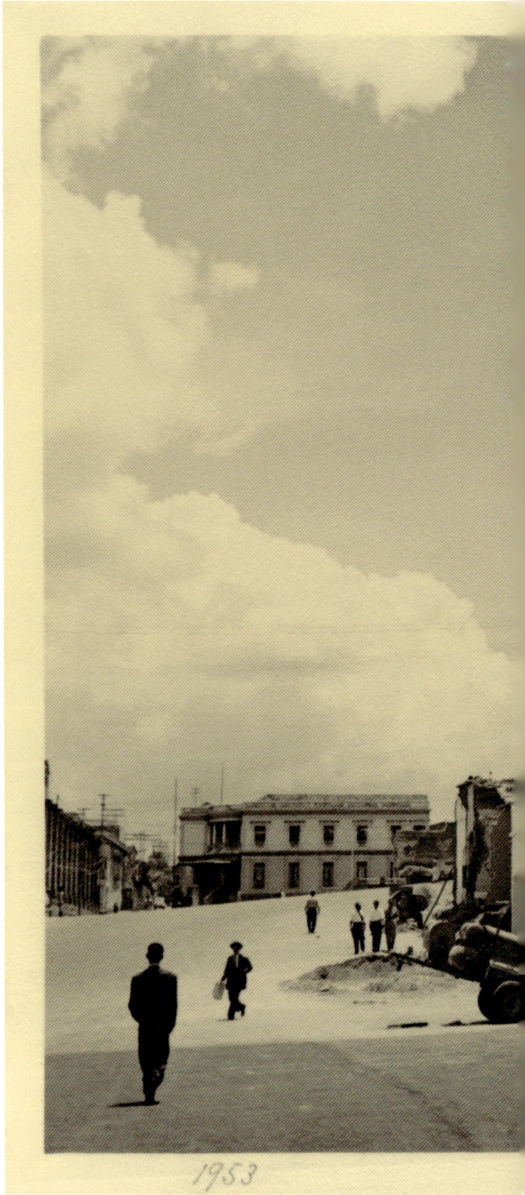

35. Bolero a Miraflores, 1953

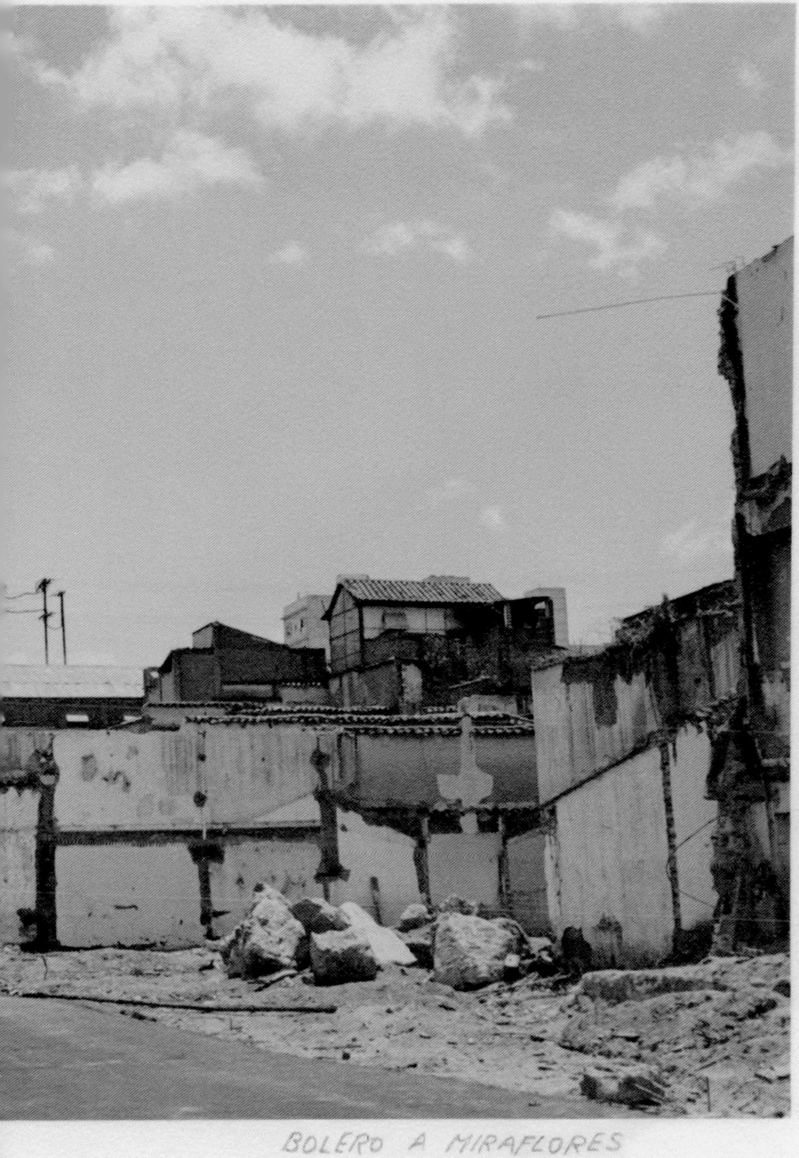

BOLERO A MIRAFLORES

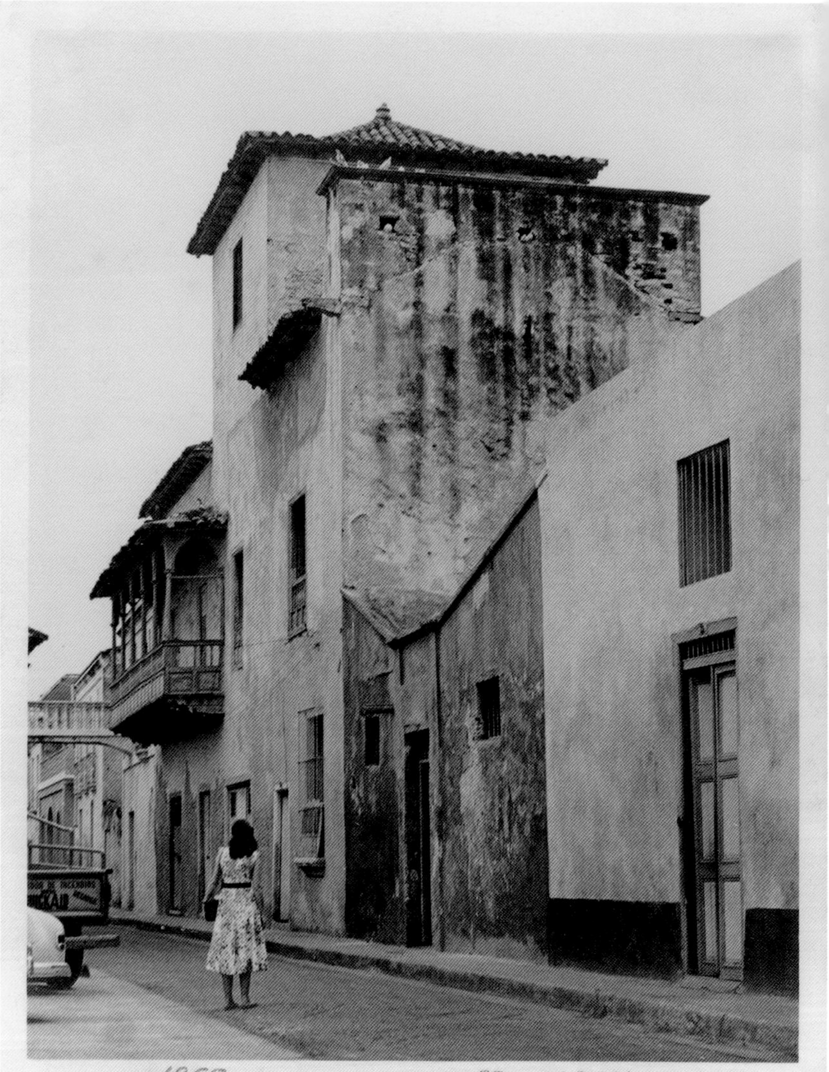

36. Puerto Cabello, 1955

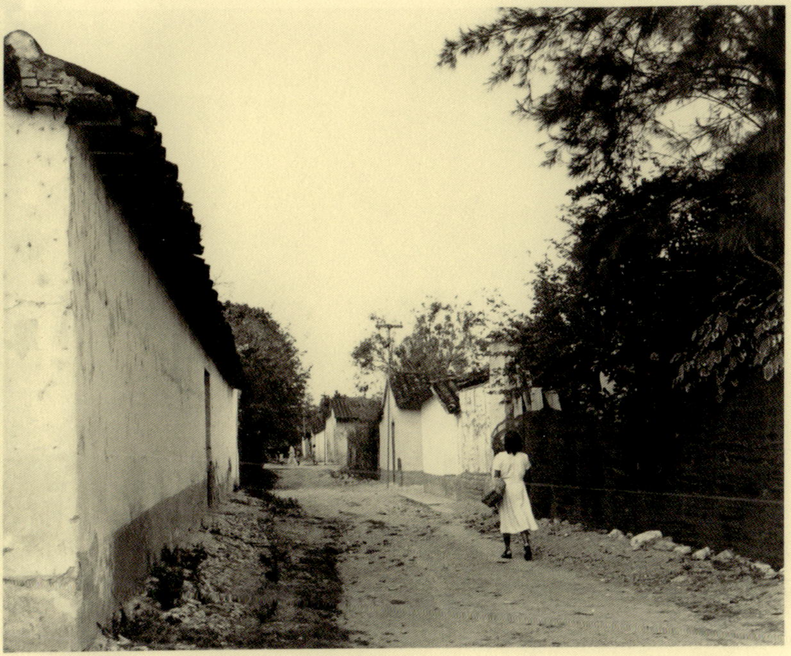

37. Puerto Cabello, 1955

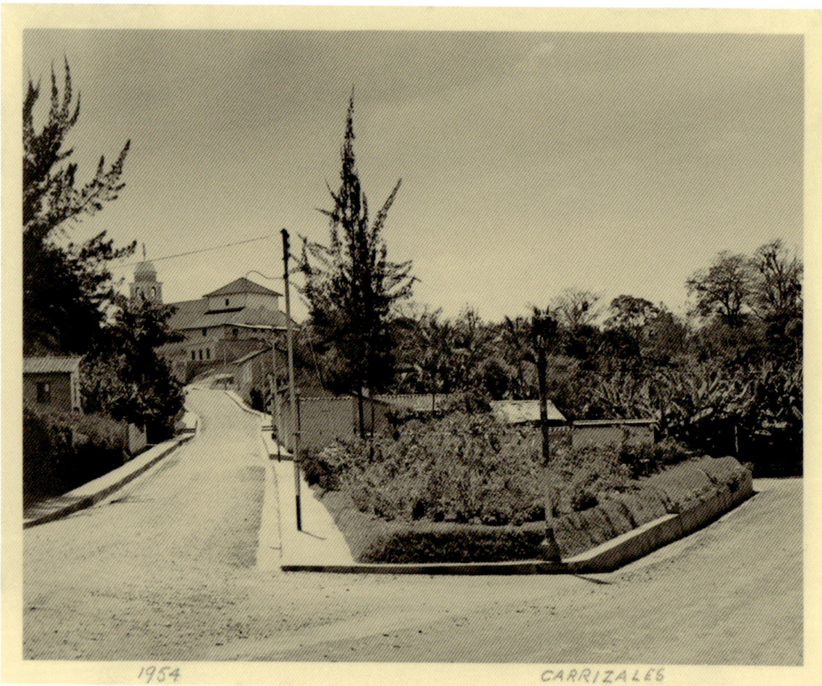

38. Carrizales, 1954

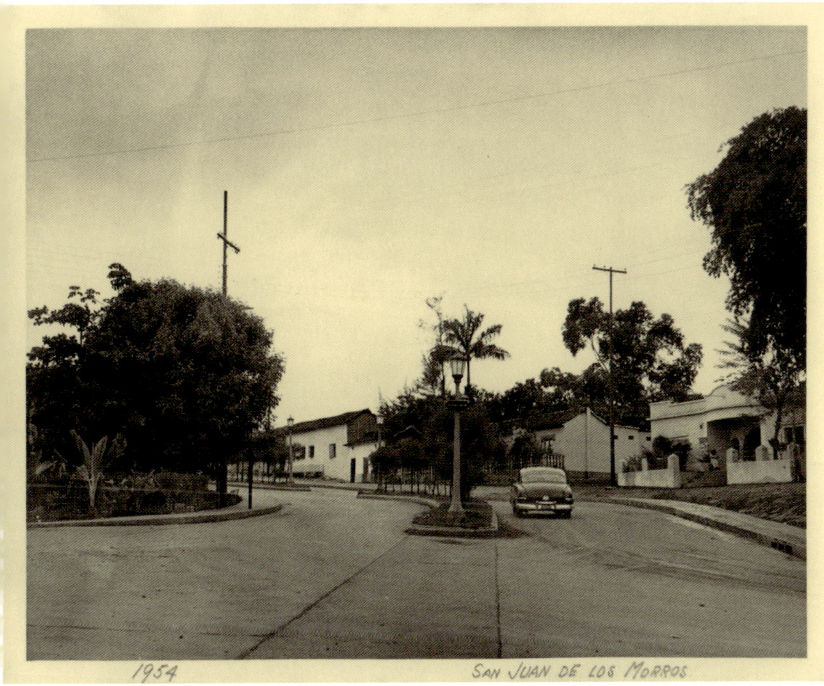

39. San Juan de los Morros, 1954

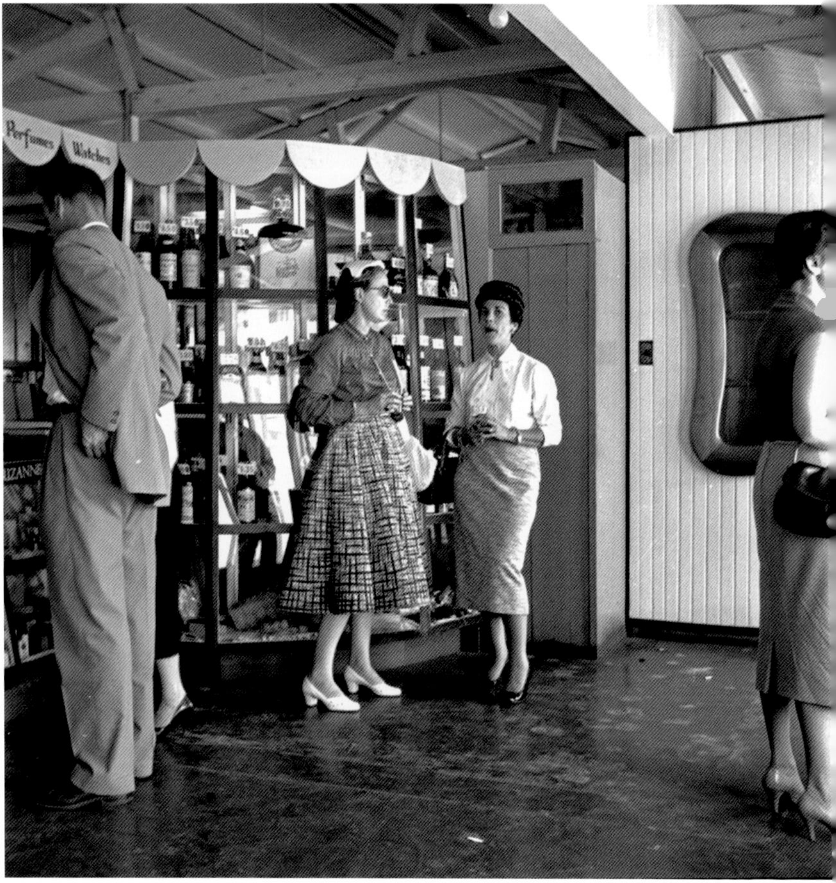

40. Sin título, 1960

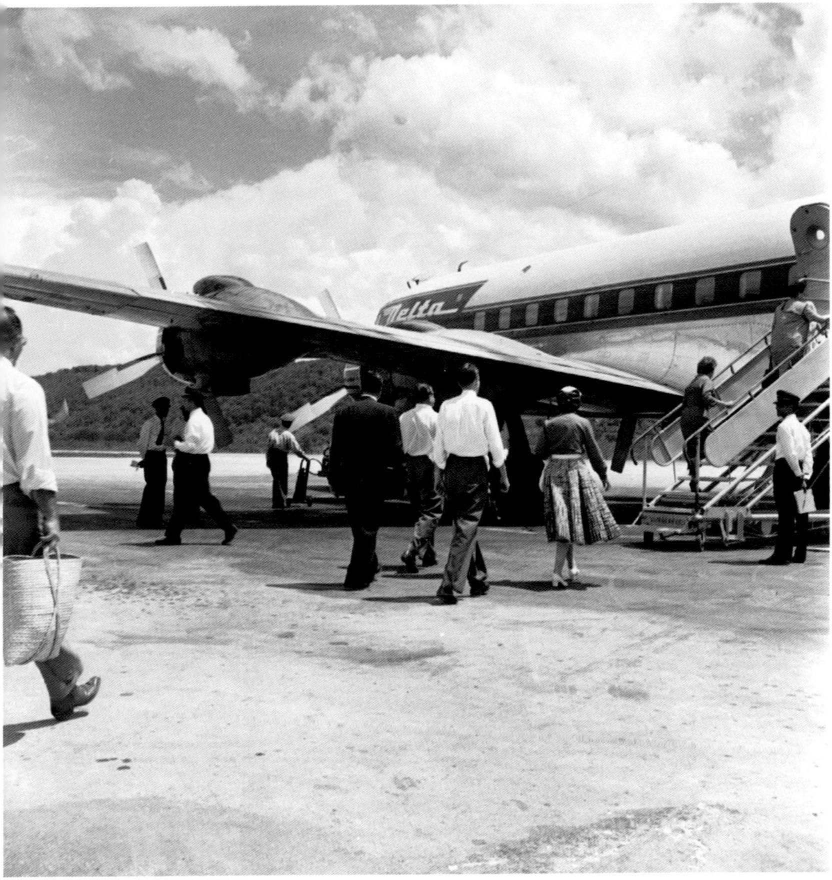

41. Sin título, 1960

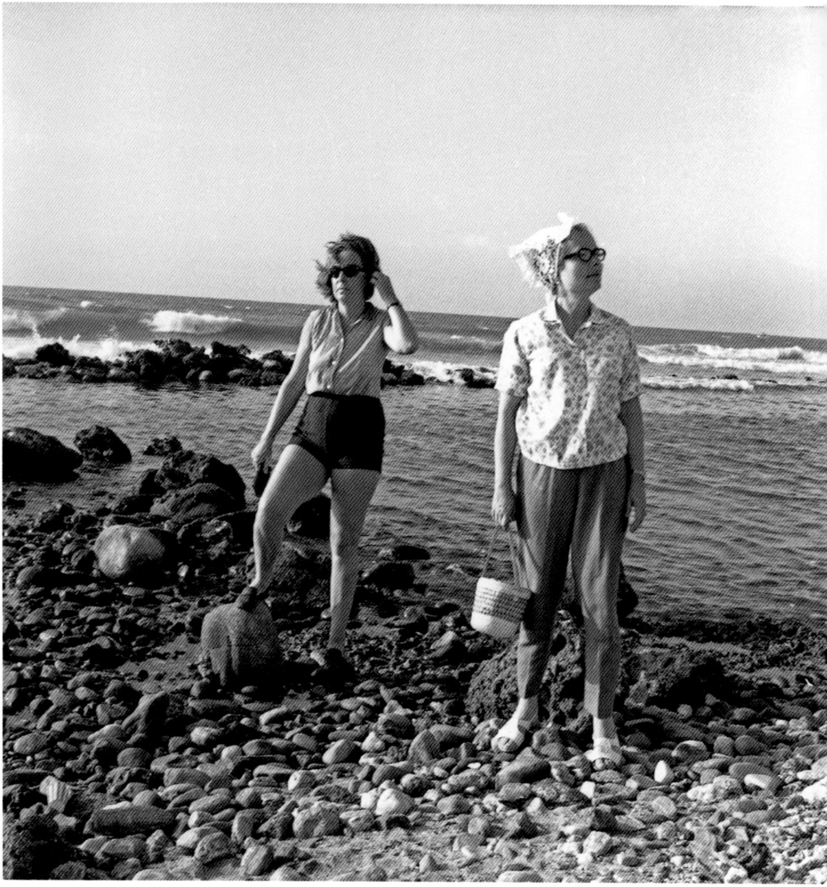

42. Chupita y Elly, ca. 1970

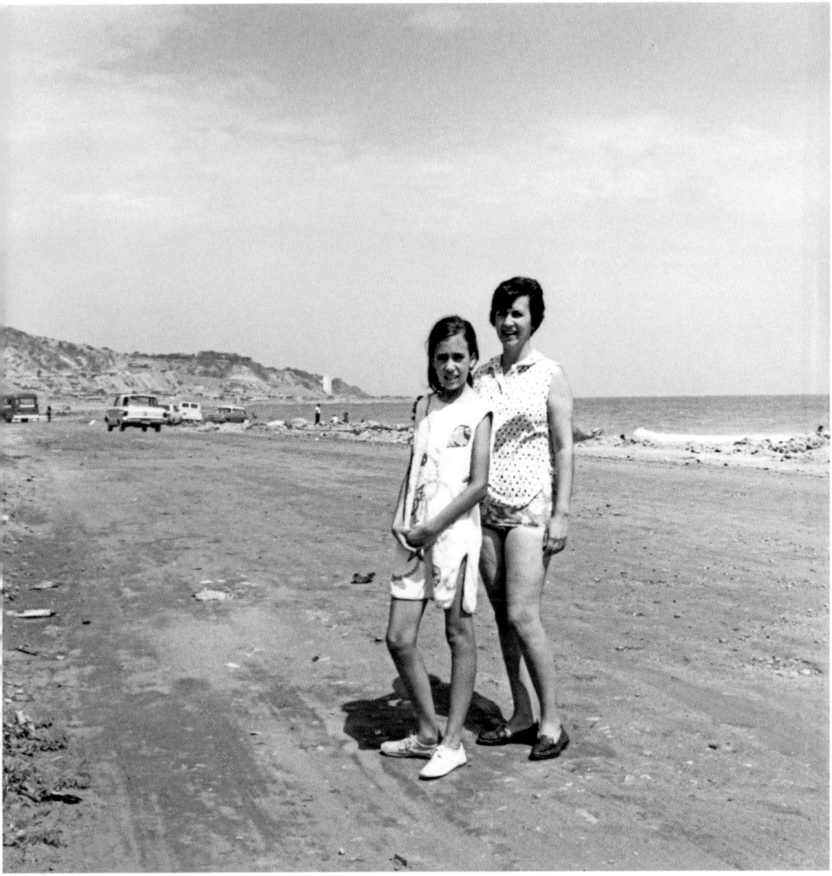

43. Sin título, ca. 1960

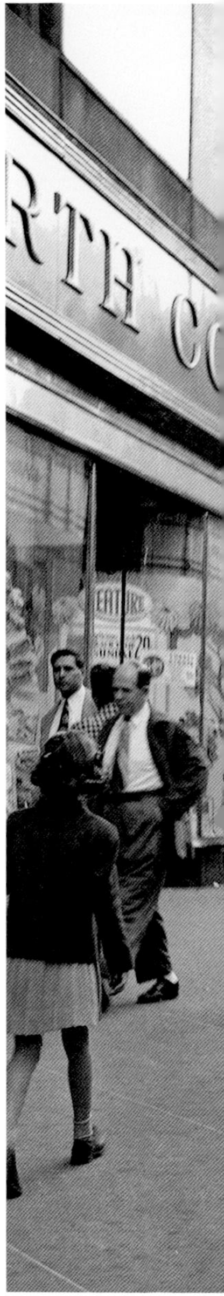

44. Sin título, ca. 1955

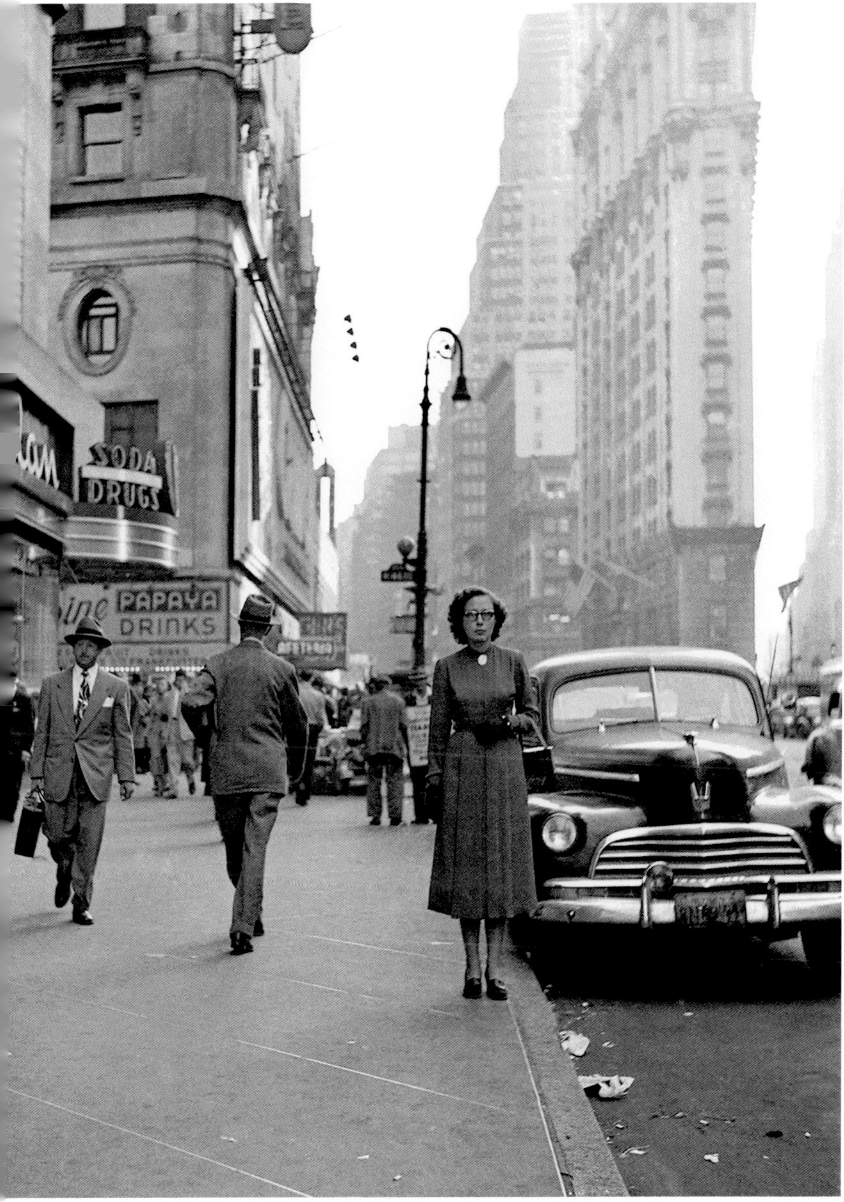
SODA
DRUGS
PAPAYA
DRINKS

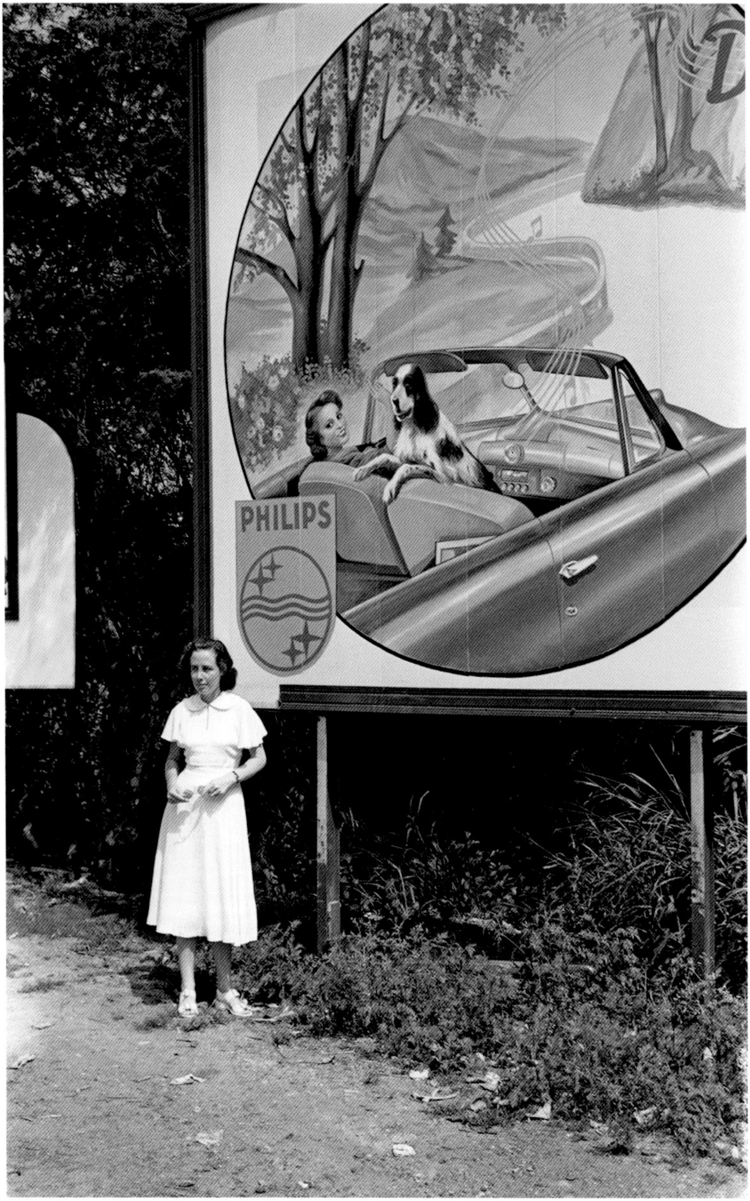

45. Camino a Carayaca, 1953

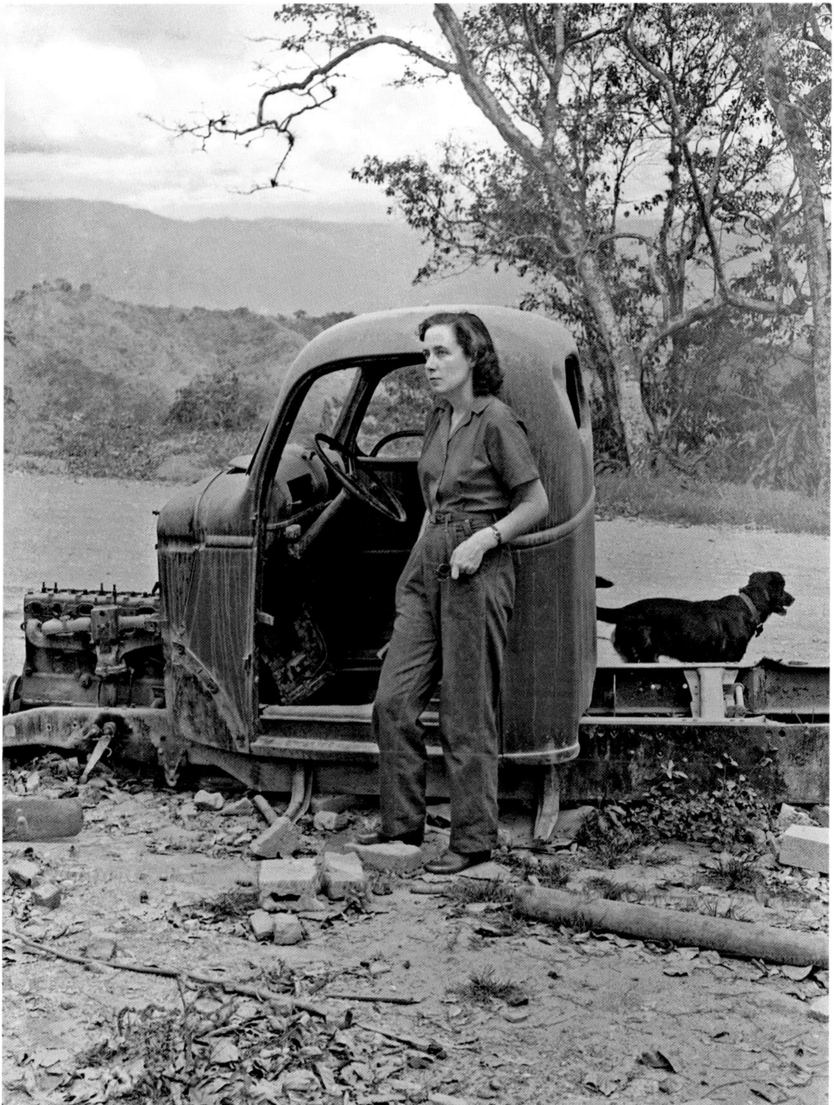

46. Charallave, 1954

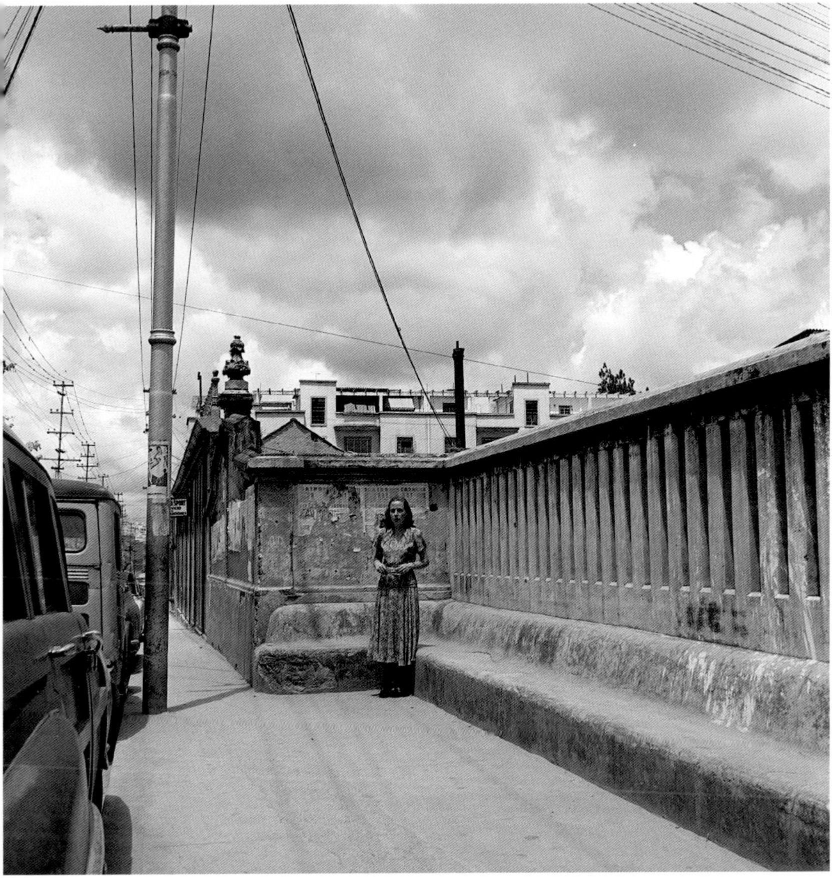

47. Puente Anauco, 1953

48. Ortiz, 1955

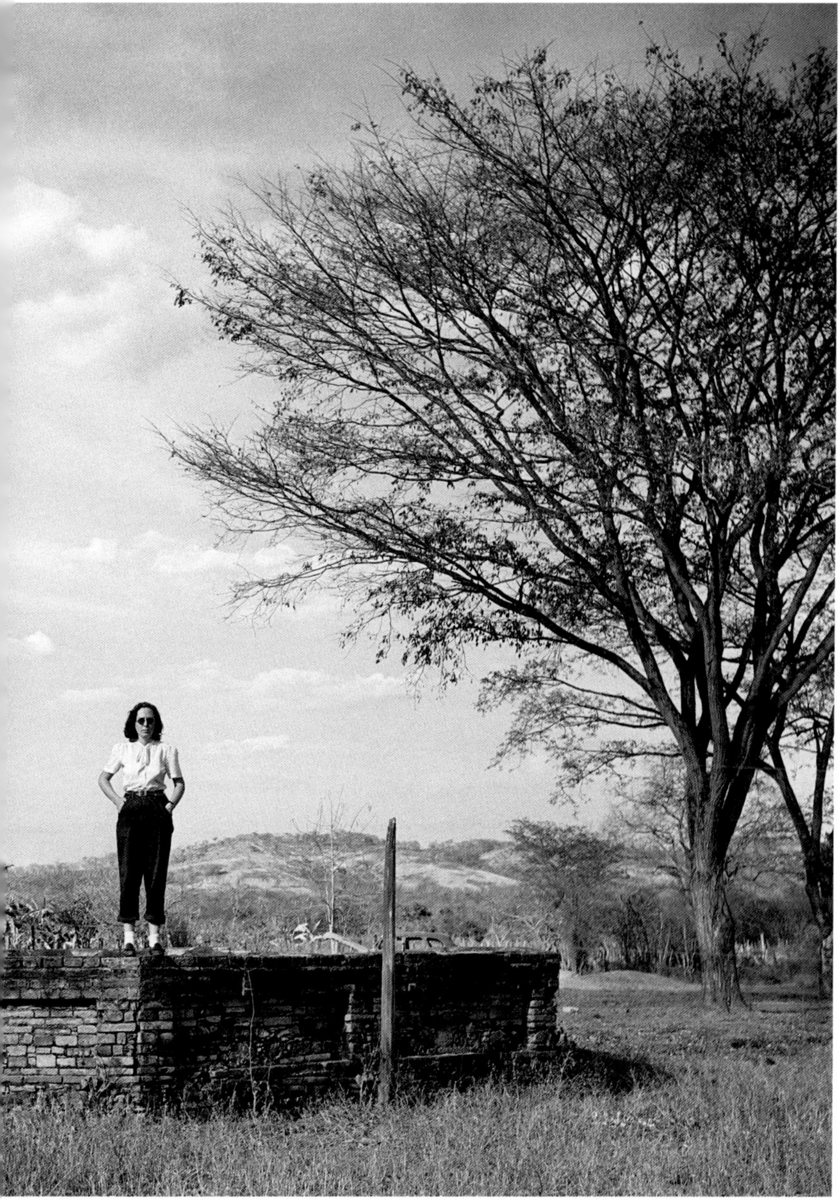

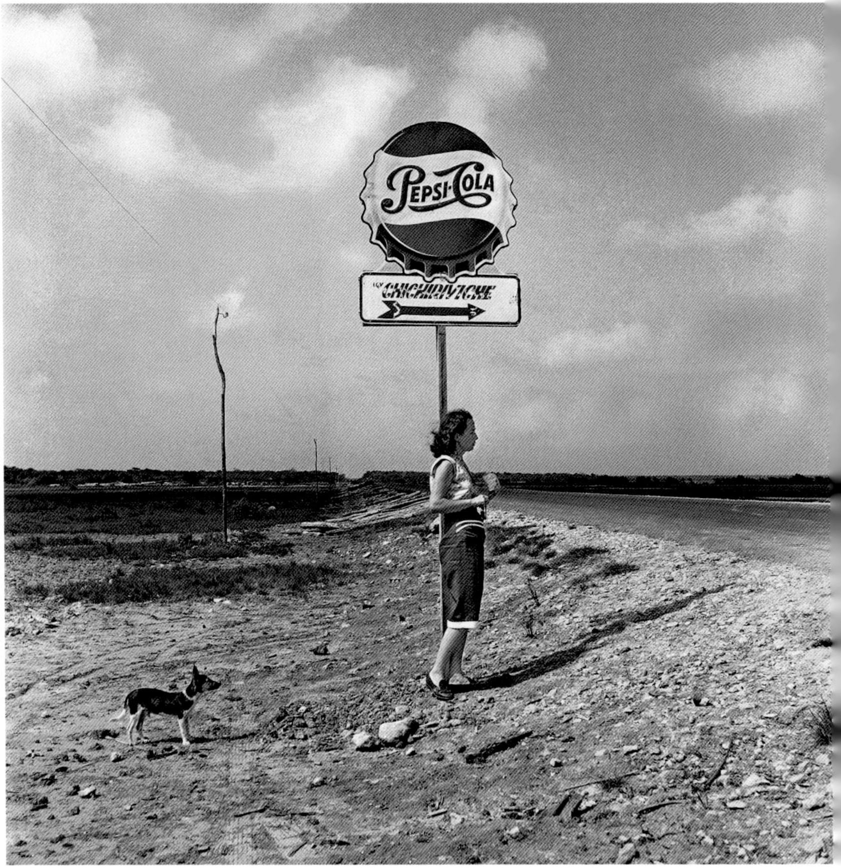

49. Chichiriviche, 1960

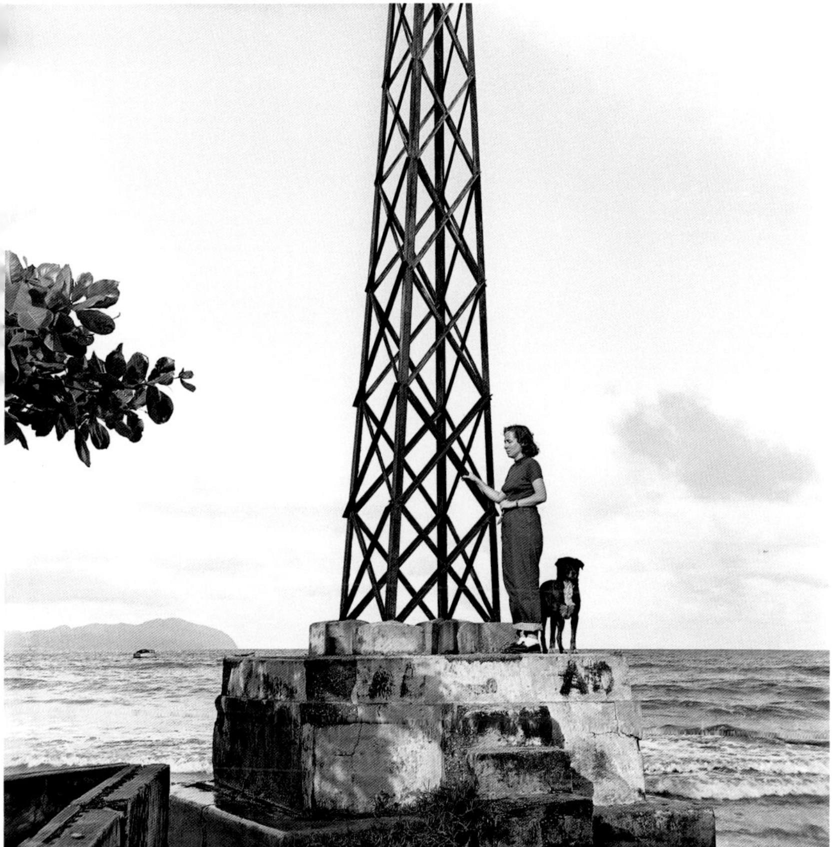

50. Higuerote, 1955

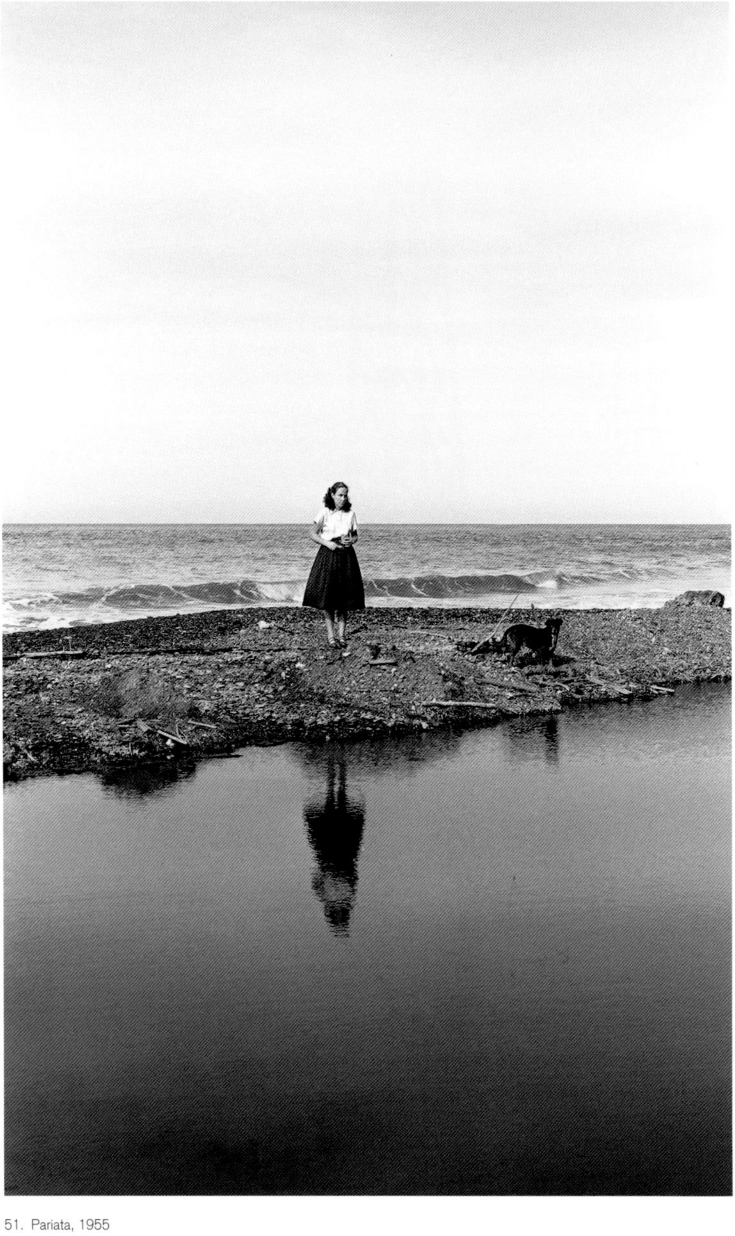

51. Pariata, 1955

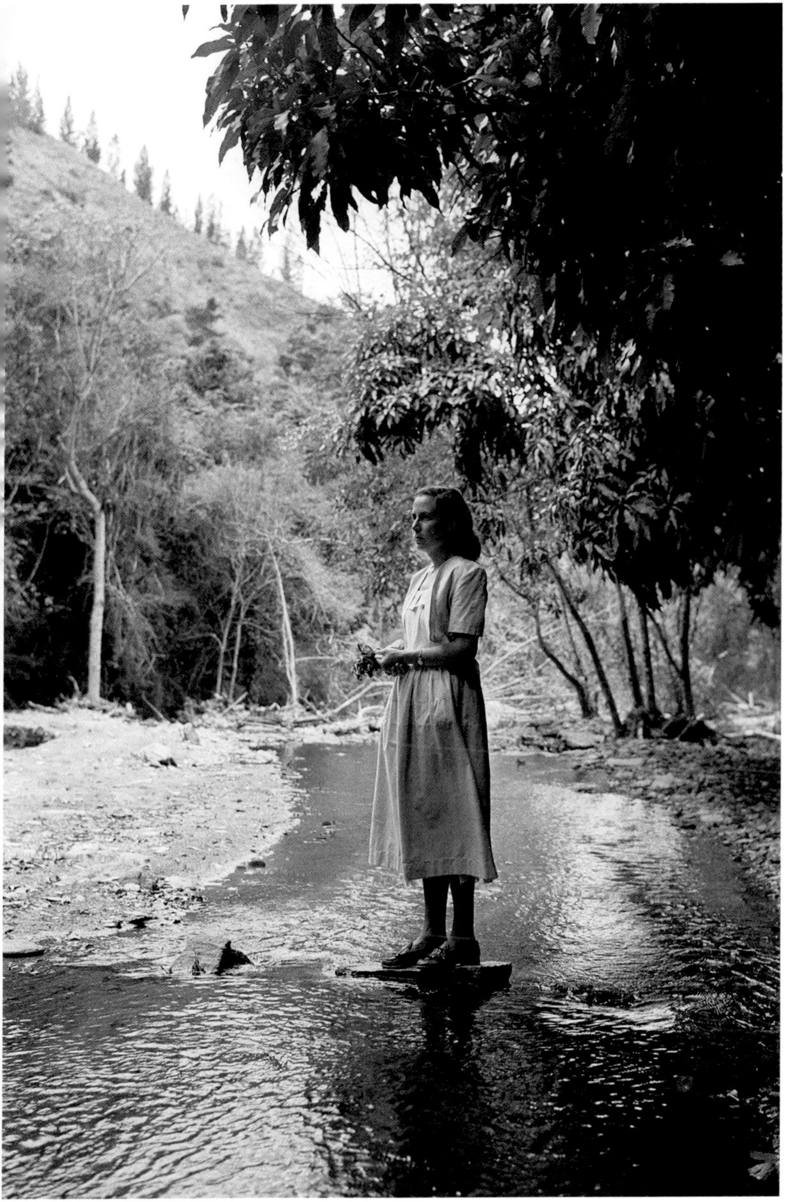

52. Guarenas, 1956

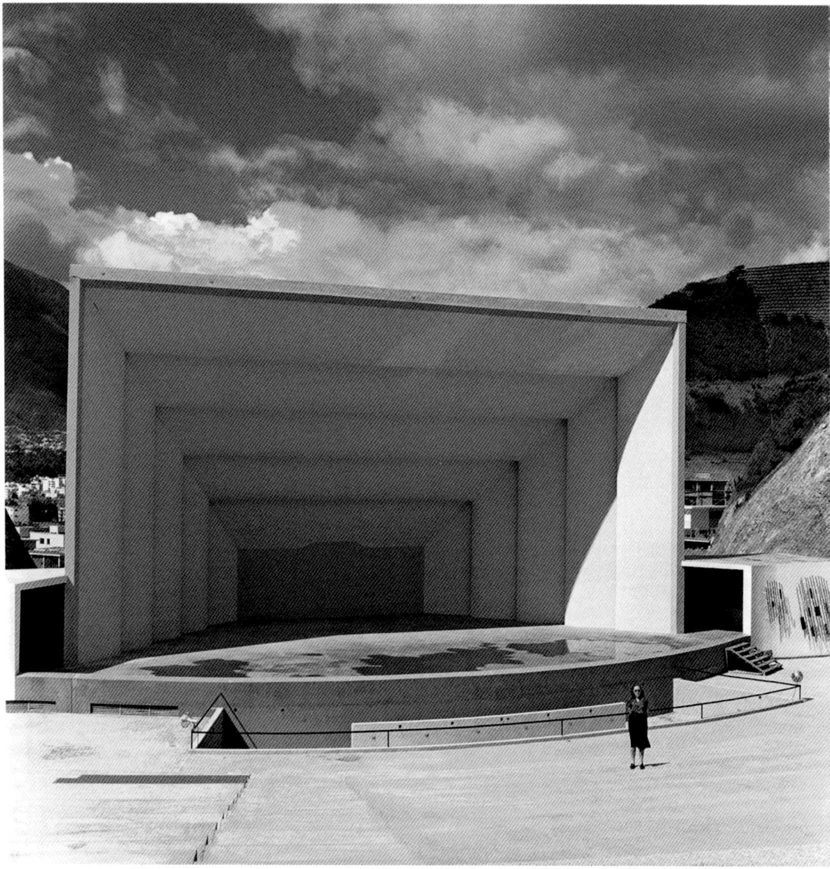

53. Concha Acústica de Bello Monte, 1963

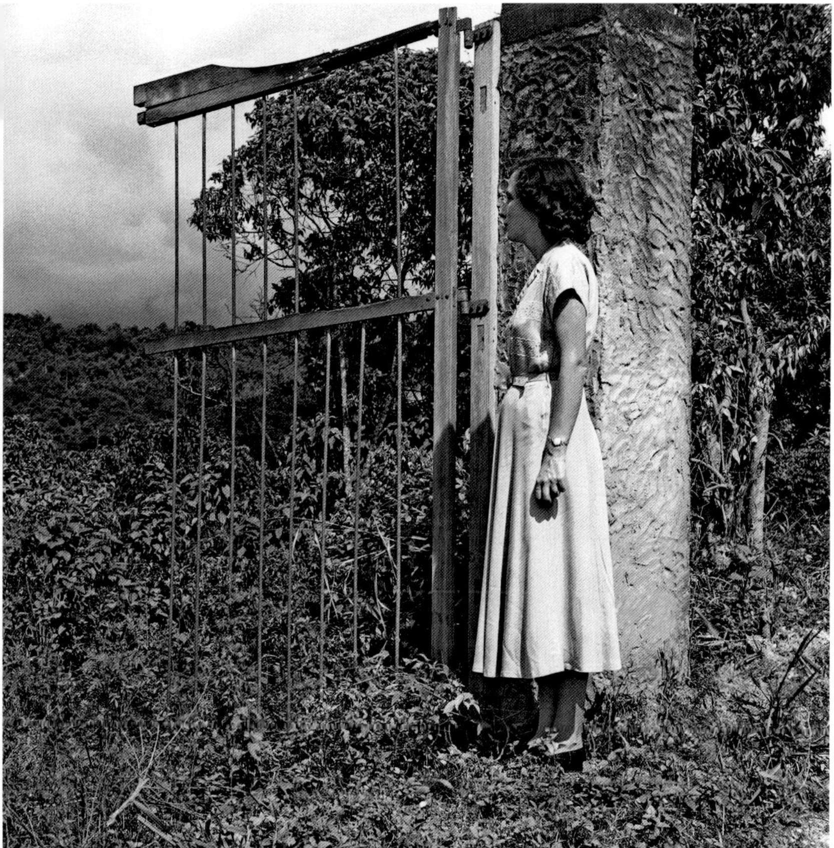

54. Petare, 1960

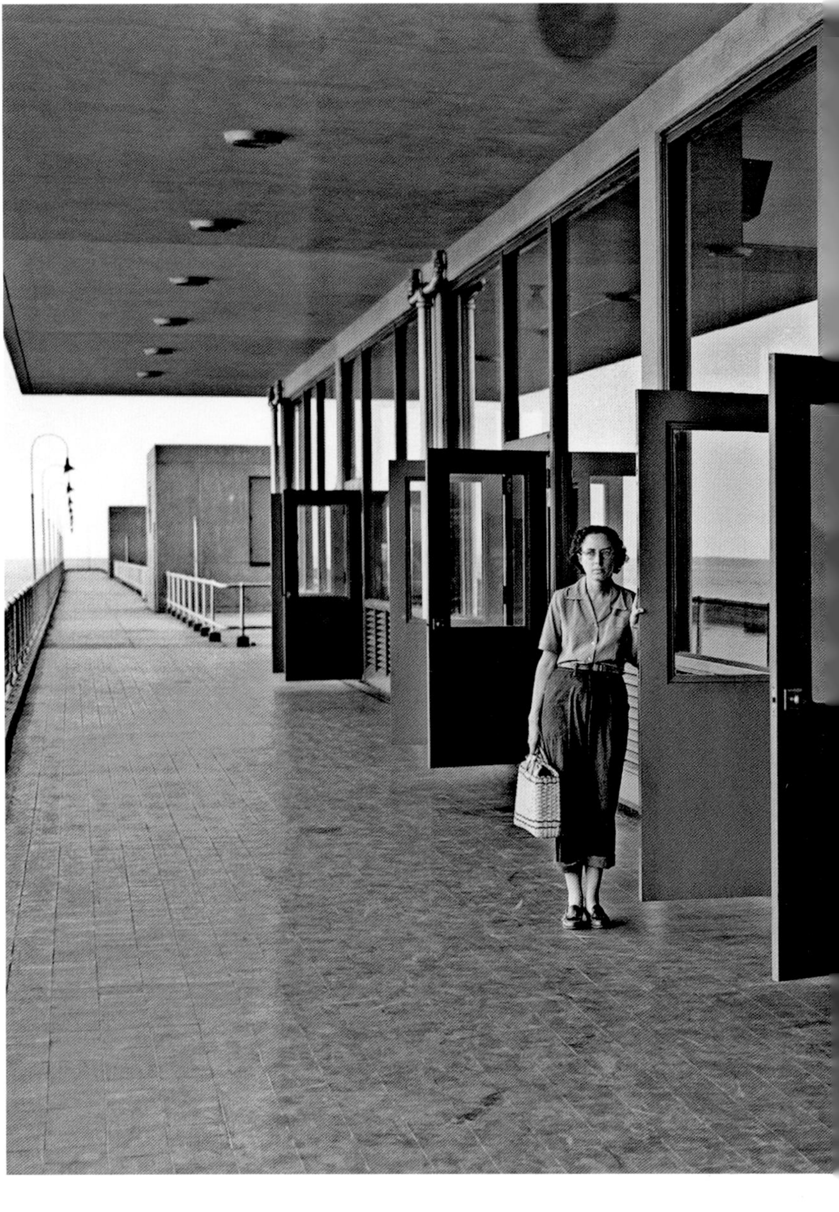

55. Buque Santa Ana, 1964

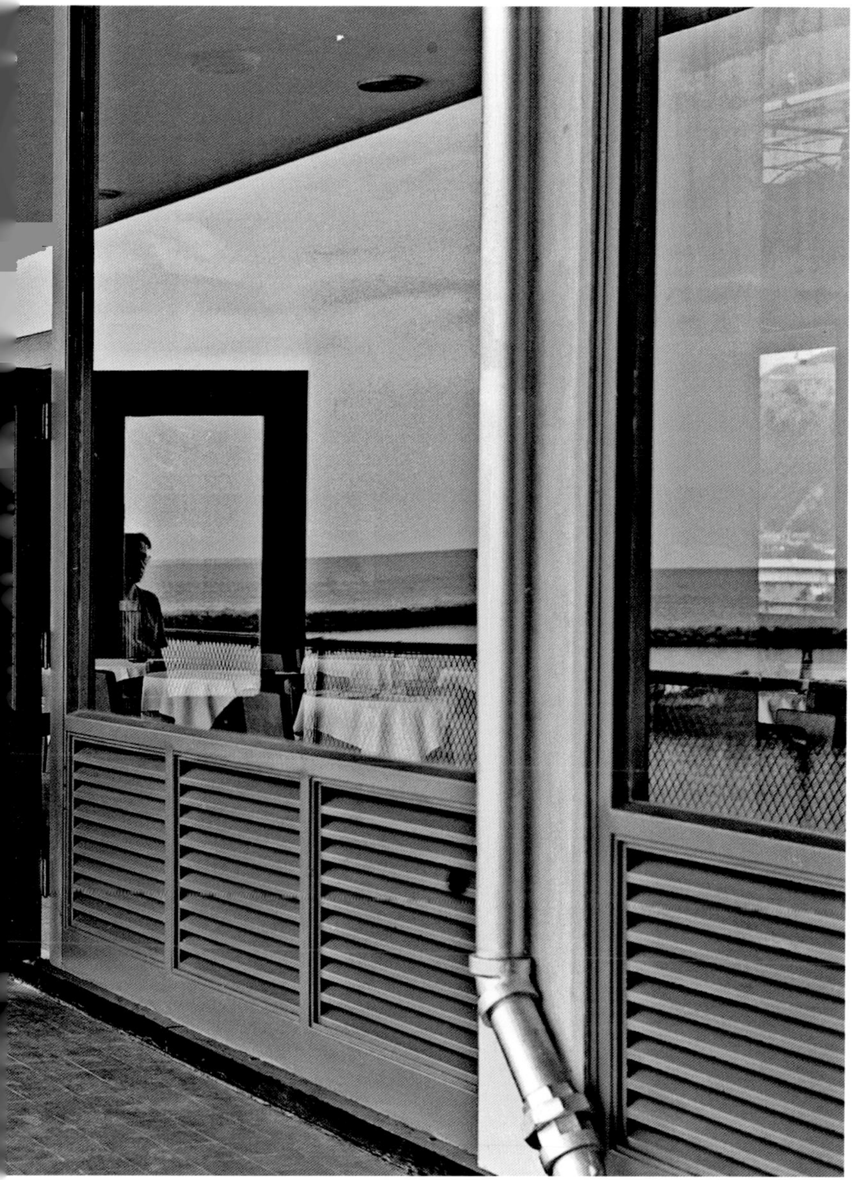

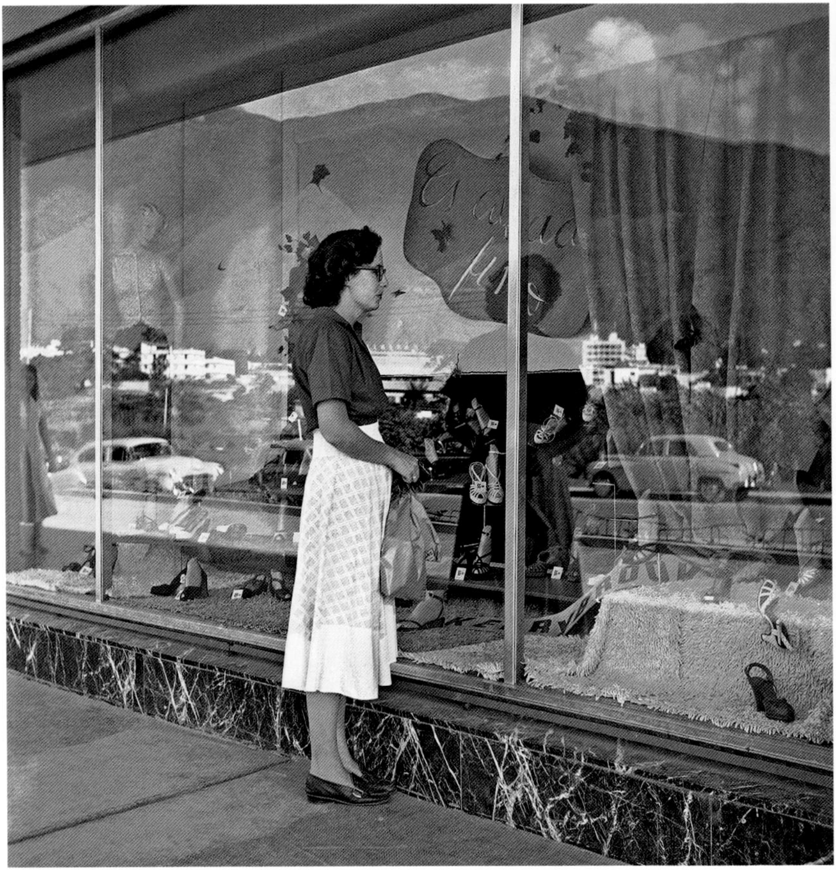

56. Sin título, 1965

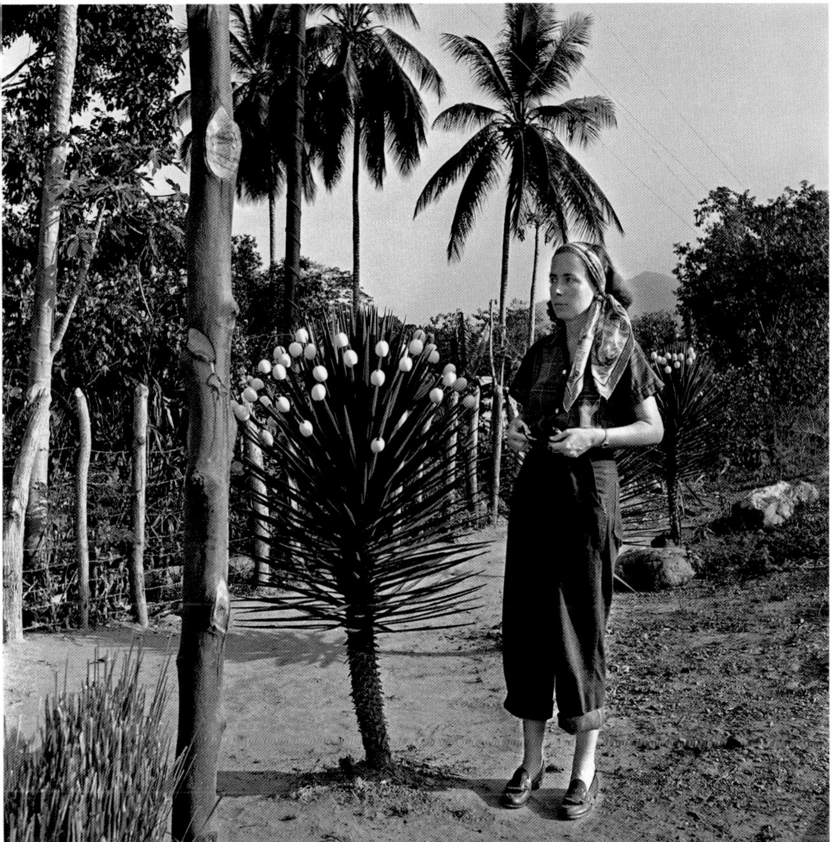

57. Sin título, 1965

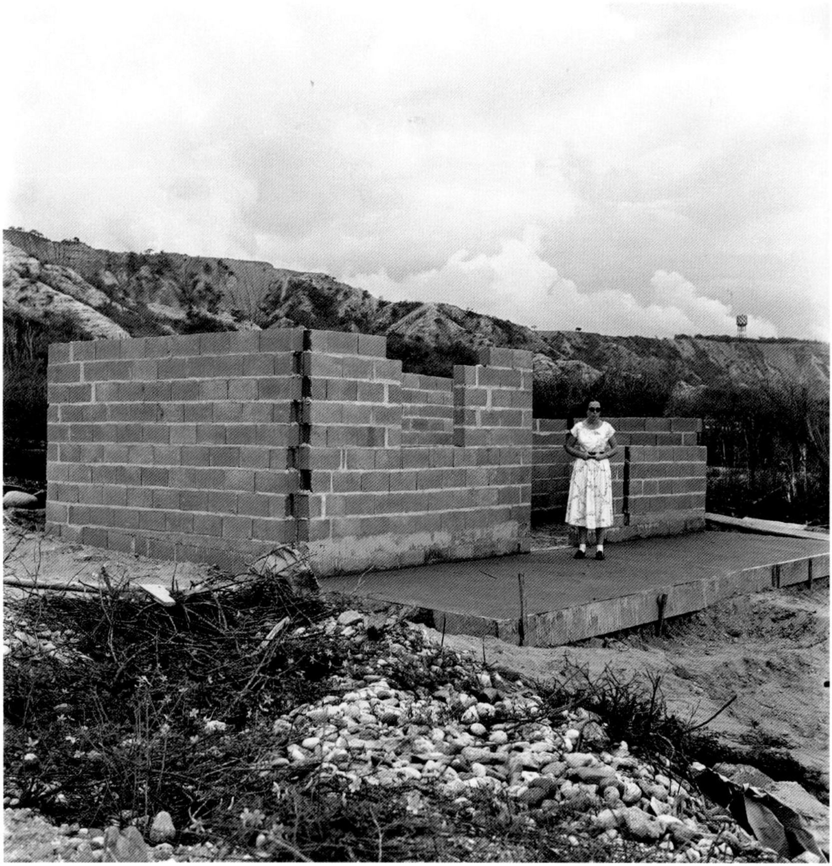

58. Sin título, ca. 1970

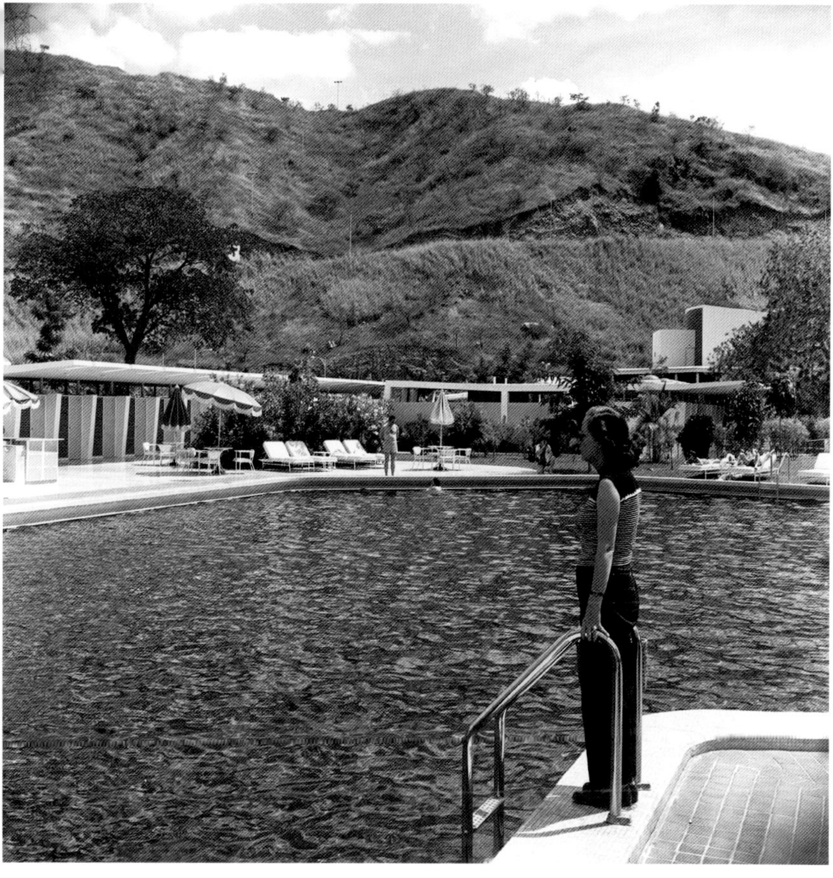

59. San Juan de los Morros, 1966

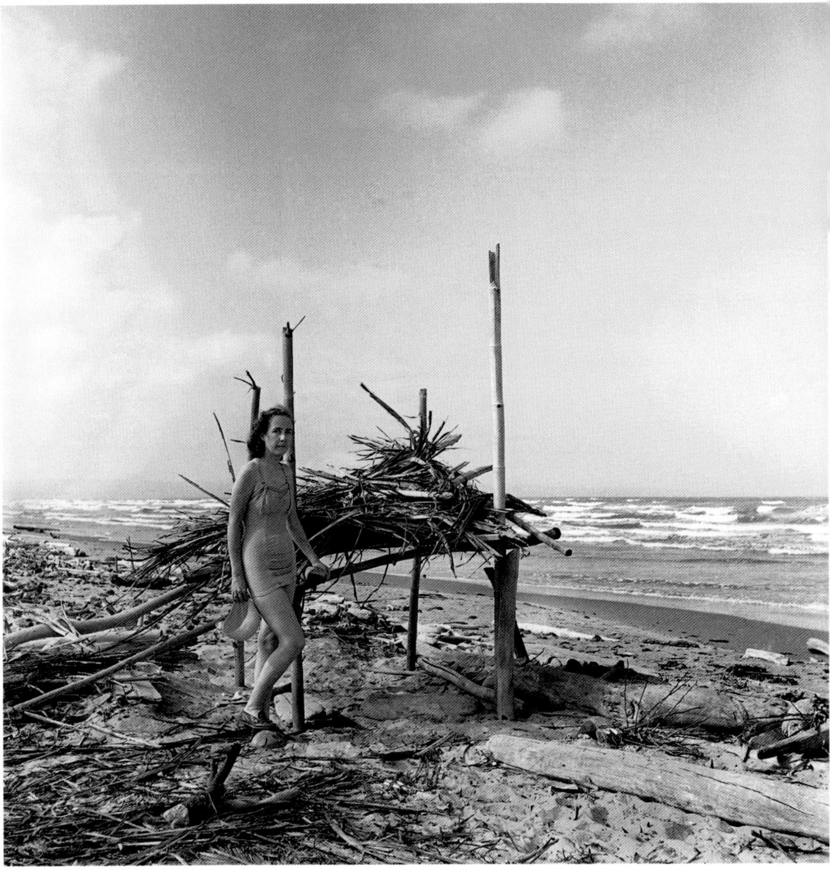

60. Ocumare de la Costa, ca. 1960

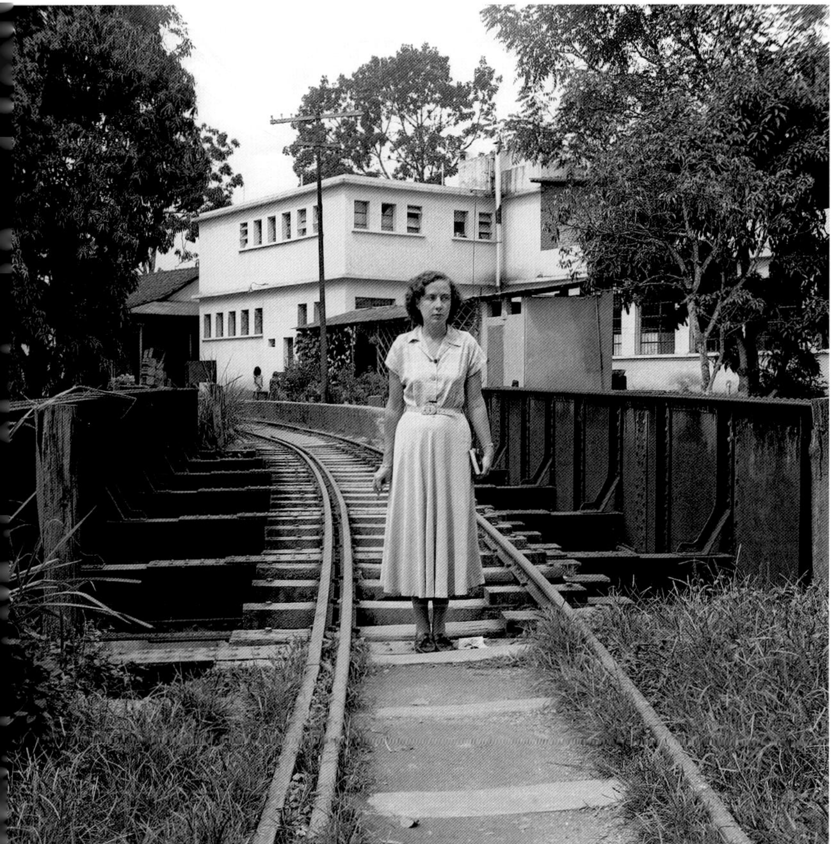

61. Petare, puente del ferrocarril, 1960

Cronología

1903 Alfredo Cortina Gramcko nace el 8 de marzo en Valencia, Venezuela.

1905 La familia Cortina Gramcko se traslada a Caracas.

1910 Frecuenta el taller de fotografía Luz y Sombra, de su primo hermano Manuel Caraballo Gramcko, conocido como «el fotógrafo de la *belle époque* caraqueña».

1915 La Cruz Roja Internacional organiza un festival cultural en el Teatro Municipal de Caracas para recaudar fondos para los heridos de la I Guerra Mundial. Cortina debuta como actor en una obra de teatro.

1924 En casa de su tía Alicia Kerdel de Planchart crea el primer teatro de aficionados conocido en Caracas, junto con algunos parientes y amigos. Se llamó Teatro Pim-Bol. Durante un par de años presentan obras clásicas y comedias de su autoría.

1926 Viaja por algunos estados del interior de Venezuela como vendedor de neveras de la casa de comercio Schnell & Co.

1931 Comienza a trabajar en la estación de radio Broadcasting Caracas, por invitación de los empresarios Edgar Anzola y Ricardo Espina.

1932 Escribe la primera radionovela de Venezuela, *La comedia de Santa Teresa*, junto con Mario García Arocha.

1933 Trabaja como autor dramático y consigue un éxito sin precedentes con la radionovela *El misterio de los ojos escarlata*.

1934 Renuncia a la Broadcasting Caracas y funda la empresa de publicidad Estudios Universo, especializada en radio, junto con Mario García Arocha.

1935 Compra un espacio en Radiodifusora Venezuela, donde, junto a su socio, escribe y produce programas de interés cultural.

1941 Se casa con la poetisa Elizabeth Schön.
Comienza a ser conocido como «el Mago de Los Rosales», en referencia a la zona de Caracas donde reside y a la fama que adquieren sus invenciones: máquinas y artefactos para uso doméstico. Además es relojero, joyero, ebanista y fotógrafo.

1951-52 Funda la compañía Publicidad Laif, gracias a la cual establece lazos comerciales con empresas estadounidenses.

1953 Ingresa como productor y libretista en Televisa, donde logra una gran audiencia con la serie *Los casos del inspector Nick*.

1967 Abandona la televisión para dedicarse a las Relaciones Públicas. Ingresa en la empresa Inter-Relaciones, fundada por García Arocha en 1959.
Incursiona como docente en la Escuela de Periodismo de la Universidad Católica Andrés Bello en Caracas, Venezuela.

c.1975 Mantiene una columna de opinión cultural en el diario *El Nacional*.

1980 Acompañado de Luis Alfonso Larrain y Pedro León Zapata, anima una función de La Cátedra Libre del Humor, en el Aula Magna de la Universidad Central de Venezuela.

1982 El Instituto Nacional de Hipódromos publica su libro *Contribución a la historia de la radio en Venezuela.*

1988 Muere en Caracas el 25 de febrero.

2007 Su viuda, Elizabeth Schön, fallece en la capital venezolana.

2008 El Archivo Fotografía Urbana adquiere el patrimonio fotográfico de Alfredo Cortina.

2012 Una muestra de su obra fotográfica, comisariada por Vasco Szinetar, hasta entonces desconocida, es invitada a participar en la 30ª Bienal de São Paulo, Brasil, por su comisario Luis Pérez-Oramas.

2014 El Museo de Arte Moderno de Nueva York presenta una serie de sus fotografías en la exposición *Recent Acquisitions from The Museum of Modern Art of New York,* durante la celebración de Paris Photo. Grand Palais, París.

2015 La exposición *Alfredo Cortina. Fotografías* es presentada en la Sala Mendoza, en Caracas, y en el Museo de Arte Contemporáneo del Zulia, Maracaibo, ambas en Venezuela y con el comisariado de Vasco Szinetar y la museografía de Ariel Jiménez y Lorena González Inneco, respectivamente.

Monografías

Caracas, la ciudad que se nos fue. Editorial Roble, Caracas, 1976.

Breve historia de la radio en Venezuela: el comienzo de una gran industria. Dirección General de Cultura, Caracas, 1978.

Contribución a la historia de la radio en Venezuela. Instituto Nacional de Hipódromos, Caracas, 1982.

Obra en museos y colecciones

MoMA. Museum of Modern Art of New York
Archivo Fotografía Urbana
Caracas - Venezuela

An Informed Look

Ariel Jiménez

When we look at things, we never look at them in a direct or transparent way. Nothing looks to us *the way it is* but rather the way we can see it, depending on our expectations and certainly on the frame of reference we use to make sense of our surroundings. Between the world and us mediates a whole edifice of signs, and it is not up to us to set it aside. In the case of Alfredo Cortina we must add to this filter the regards that precede us—which are likewise readings of his work—and that we cannot ignore when faced with it. Indeed they are the only ones that exist, for the author never talked about his photography, he never exhibited his images or anthologized them in thematic books. No one ever considered him an artist, and he never portrayed himself as one, or at least he left no record of him doing so.

Nevertheless, a substantial number of images remain, some of which we know were conceived as a series, even if Cortina never completed or edited them into a coherent group. Today, for an informed Venezuelan such as Vasco Szinetar, the man responsible of the first "discovery" of Cortina's work and of its subsequent filing in the collection of the Archivo Fotografía Urbana [Urban Photography Archive]—where it is currently being kept—his production constitutes a significant system of contrasts, of disparities, that cannot be viewed without evoking in the viewer the grief that results from a failed project of modernity and progress, such as the one which characterized Venezuela's twentieth century and which could be more specifically placed between the years of 1936 and 1989. Thus, two *Venezuelas* emerge from Cortina's photographs: the one depicted in those impoverished towns and cities populated by hirsute men and women, by scruffy children (though we seldom see them in the photographs); and the one pertaining to its Eurocentric elites with their new cars, their spotlessly tidy neighborhoods, airports, trains and boutiques. Between the two, the image of a juncture, of a moment of transition that was captured by all image-makers of the time, each in their own way: the humble face of a country still caught in its colonial past, with its wooden manor houses and large expanses of land with one or two plants at most, slowly giving way to the new and clean country that almost every Venezuelan bar none dreamed of.

Hence the prominent place devoted in Cortina's production to that other significant contrast between the colonial system in the form of the land and the modern monument in the form of reinforced concrete buildings, entwined, the two of them, mediated as it were, either by the remnants of that present which was melting away or by the empty space that soon would house a modern construction. The only series that we know of consciously conceived as such by Cortina, the one that concerns itself with the corners of Caracas (Figs. 29, 30, 32, 33, 34 and 35), is a product precisely of his need to capture that very city and that very landscape which were disappearing, an inclination he shared with other photographers, such as Alfredo Boulton, and even with plastic artists, such as Manuel Cabré. Some of Cortina's depictions of the bucolic scenery that surrounded the capital are strictly contemporaneous with the painter's landscapes, and remarkably similar (Figs. 19 and 20).

Of the pairings evinced by Szinetar for this book, none are more eloquent in their depiction of this juncture than figures 45-46 and 60-61. Both of them feature Cortina's wife, the poet Elizabeth Schön, who for over thirty years modeled for him, serving as anchor point, axis line and scale reference in many of his photographs. In the first of these pairings she is looking to the left—towards the past—while a Philips advertising board seems to represent the future progress and modernity that they, and the rest of the country, dreamed of. On the right panel, in an image that for Cortina might have symbolized the present they expected to leave behind, that colonial and provincial past which she seems to look at with indifference or disregard but which any Venezuelan viewer today can only look at with grief, as if Cortina's dreary present had leapt forward, leaving behind—and in tatters—the modern future they envisaged. The second pairing expresses the same concept in different but complementary terms. To the left, Elizabeth poses next to a precarious wooden structure in a dirty and neglected beach while to the right a railway and a modern structure are depicted with the same calm indifference. To the left, then, the world that is being left behind; to the right, the city and the country that had yet to emerge but which a handful of architectural landmarks already seemed to be heralding.

Seen from this perspective, Cortina looms as an individual perfectly in tune with his cultural and historic environment, completely in sync with his time, partaking of its futuristic expectations and also, perhaps, of its delusions. However, we get a completely different impression if we look solely at his photographic language, measured and distant, more clearly understandable in the context of the photography produced in Europe and other developed countries at the time, the work of strictly contemporary authors such as Harry Callahan in the USA, who at times makes use of isolated human figures as a contrasting element to give a sense of scale, or the programmatic series of Germany's industrial infrastructure such as those produced by Bernd and Hilla Becher, for instance.

For that cold and "dry" approach in his photography, which seems to take no sides when it captures the landscape—though it must be said that his perspective is not always devoid of interest—and even the rehearsed and artificial attitude his wife adopts when she poses before him clearly distances him from his Venezuelan peers, Alfredo Boulton the first among them, who sought to highlight the beauty of the national landscape in the style of Ansel Adams in the USA. That is why he deliberately avoids low-angle and high-angle shots—too modern—excessive contrasts of light and shadow, emphatic settings and even visual contact with his model, as can be seen particularly in the series devoted to his wife, or rather, the series in which she acts as pretext or spatial and temporal frame of reference. Because the unusual aspect of this group is the evident contrast between the silhouette of that elegant woman, always posing the same way—looking disinterestedly to the left or to the right, with a severe and inscrutable expression, at a safe distance, and whom we see age slowly—and the scene depicted in the background, with the same calm silence, a country exposed in all its disparity, its beauty and its poverty, as if she were a mere pretext to focus for a moment on a specific place that would otherwise have gone unnoticed. It is as if had it not been for her, for the occasion afforded by her portrait, nothing of what we see would have merited our attention. As if the author of the image had staged a minor event for the sole purpose of allowing something to happen: that which takes place behind and around the main character and which depicts—or is depicted—with the calculated distance of a scientist carrying out an experiment. We could almost say that Cortina has done nothing other than set up the photographic stage in which this event must take place, in which something must happen casually; in other words, without us looking for it expressly, and without that something calling for our attention either. The inclusion of a photograph of Carlos Puche, his lifelong friend, in which we can see him facing the model, seems to confirm how important Cortina deemed this systematic staging to be, invariably repeating it over several decades (p. 96).

There is in this authorial distance a phenomenological experiment of sorts that enables us to see in his photography a kind of trap for events, an "event trap" as it were, which in turns makes it possible for us to describe it in the same terms used by Carlos Cruz-Diez to refer to his *Physicromies*. They are, according to the kinetic artist, “light traps”, “platforms for events”, the sole purpose of which is precisely to create the conditions necessary for those events to take place before us. To be sure, no Venezuelan viewer—and possibly no careful observer from any nationality—can look at this series of images and fail to notice the emergence—almost spontaneously—of a number of interconnecting stories: those built by each viewer in relation to their own circumstances; to the ties that might or might not link them to the landscapes and the places displayed; to the parsimonious passage of time as the ageing woman gives herself, submissively, to the camera. Unhurriedly, dispossessed even of any temperament at all, accepting her role as a parameter, a referential axis that reveals an event: life, which takes place day in, day out, one second at a time, in a small corner of planet Earth called Venezuela.

[1] Maurice Merleau-Ponty, *Signes* (Gallimard: Paris, 2008), p. 67.

[2] These dates fall squarely between two major events that shaped Venezuela's century: the death of the dictator Juan Vicente Gómez (December 1935) and the so-called *Caracazo*, a social outburst that marked an undeniable breaking point in the country's collective imaginary.

[3] Dry is the term used by Marcel Duchamp to describe the inexpressive technical drawing of his Large Glass or *La mariée mise à nu par ses célibataires, même*, 1915-1923.

Ariel Jiménez

Historiador y comisario de arte moderno y contemporáneo. Estudió Historia del Arte y Arqueología en la Universidad de la Sorbona, París (1983). Ha sido director del departamento de Educación en el Museo de Arte Contemporáneo de Caracas (1984-1986), director general de la Sala Mendoza (1989-1997), curador jefe de la Colección Patricia Phelps de Cisneros (1997-2011) y director del Museo de Arte Moderno Jesús Soto de Ciudad Bolívar (2004-2006). Es autor de varios libros sobre arte moderno y contemporáneo y actualmente trabaja como comisario e historiador de arte independiente.

Historian and modern and contemporary art curator. He studied art history and archaeology at the Université Paris-Sorbonne (1983). He has been director of the education department of the Contemporary Art Museum of Caracas (1984-1986), general manager of the Sala Mendoza (1989-1997), chief curator of the Patricia Phelps de Cisneros Collection (1997-2011) and director of the Jesús Soto Modern Art Museum of Ciudad Bolívar (2004-2006). He is the author of several books on modern and contemporary art and presently he works as a freelance curator and art historian.

PHoto**Bolsillo**

Comisariado editorial / Editorial curator
Vasco Szinetar

Coordinación / Coordination
Doménico Chiappe

Diseño original / Original design
Fernando Gutiérrez

Asistencia editorial / Editorial assistance
Carmen Torres Ramón

Traducción / Translations
Montague Kobbe

Preimpresión / Preprinting
Museoteca

Impresión / Printer
Brizzolis

© de las imágenes / Images
Alfredo Cortina. Archivo Fotografía Urbana

© del texto / Texts
Ariel Jiménez

© de la presente edición / Present edition
La Fábrica, 2016

ISBN
978-84-16248-72-8

Depósito Legal / Legal Deposit
M-27018-2016

LA FÁBRICA

Director General / General Manager
Álvaro Matías

Directora Editorial / Editorial Content Manager
Camino Brasa

Director de Desarrollo Editorial / Editorial Development Manager
César Martínez-Useros

Director de Producción / Production Manager
Rufino Díaz

Director de Distribución / Distribution Director
Raúl Muñoz

LA FABRICA

Presidente / President
Alberto Anaut

La Fábrica
Verónica, 13
28014 Madrid
T. +34 91 360 13 20
edicion@lafabrica.com
www.lafabrica.com

ARCHIVO FOTOGRAFÍA URBANA

Junta Directiva / Board of Directors
Herman Sifontes Tovar
Jaime Abello
Luis Enrique Pérez Oramas
Horacio Fernández
Tulio Hernández
Oscar Lucien
Vasco Szinetar

Presidenta / President
Diana López

Director Curador / Curator Manager
Vasco Szinetar

Gerente de exposiciones y proyectos de extensión /
Manager of exhibitions and extension projects
Lorena González Inneco

Coordinadora de Administración /
Coordinator of Administration
Gisela Rojas

Coordinadora del Fondo Visual /
Coordinator of Visual Collection
Verónica Fraiz

Documentalista / Documentalist
Marina Guerrero

Digitalizador / Digitizer
Alfredo Sainz

Caracas - Venezuela

http://archivofotografiaurbana.org/

Una coedición entre / A Coedition Between

LA FABRICA museoteca BRIZZOLIS arte en gráficas ARCHIVO FOTOGRAFÍA URBANA

Biblioteca PHotoBolsillo

Biblioteca de Fotógrafos Españoles

Xavier Miserachs
Nicolás Muller
Humberto Rivas
Ricky Dávila
Koldo Chamorro
Francesc Català-Roca
Carlos Pérez Siquier
Luis Pérez-Mínguez
Gabriel Cualladó
Javier Vallhonrat
Miguel Trillo
Pilar Pequeño
César Lucas
Fernando Gordillo
Agustí Centelles
Baylón
Isabel Muñoz
José María Díaz-Maroto
Cristóbal Hara
Antonio Tabernero
Alberto García-Alix
Pablo Genovés
Clemente Bernad
Carlos Serrano
Ramón Masats
Òscar Molina
Cristina García Rodero
Pablo Pérez-Mínguez
Joan Fontcuberta
Navia
Ricard Terré
Fernando Herráez
Oriol Maspons
José Ignacio Lobo Altuna
Xurxo Lobato
Genín Andrada
Valentín Vallhonrat
Vari Caramés
Juan Manuel Díaz Burgos
Ferran Freixa
José Antonio Carrera
Manuel Vilariño
Kim Manresa
Rafael Navarro
Toni Catany
Luis Escobar
Marta Sentís
Chema Madoz
Ciuco Gutiérrez
Alberto Schommer
Ouka Leele
Manel Esclusa
Laura Torrado
Ángel Marcos
Ortiz Echagüe
Francisco Ontañón
Carlos Saura
Alfonso
Juan Manuel Castro Prieto
Pep Bonet
Juantxu Rodríguez
Paco Gómez
Virxilio Vieitez
Gonzalo Juanes
Rosa Muñoz
Leopoldo Pomés
José Ramón Bas
David Jiménez
Leonardo Cantero
Jordi Socías
Colita
Alfredo Cáliz
Gervasio Sánchez
Txema Salvans
Matías Costa
Emilio Morenatti
Pierre Gonnord
Ricardo Cases
Sofía Moro
Joan Tomás
Atín Aya
Rafael Trobat
José Cendón
Luis de las Alas
Joan Fontcuberta 2
Chema Conesa
Ragel
Samuel Aranda
Rafael Sanz Lobato
Juana Biarnés
Manuel Outumuro
Cristina de Middel
Carlos Spottorno
Aitor Lara
Miguel Bergasa
Javier Arcenillas
NOPHOTO
Laia Abril
Blank Paper

Biblioteca de Fotógrafos Latinoamericanos

Luis González Palma
Casasola
Marcos López
Cia de Foto
Raúl Cañibano
Javier Silva Meinel
Alberto Korda
Tito Caula

Biblioteca de Fotógrafos Africanos

Jean Depara
Samuel Fosso
Mama Casset
Zwelethu Mthethwa

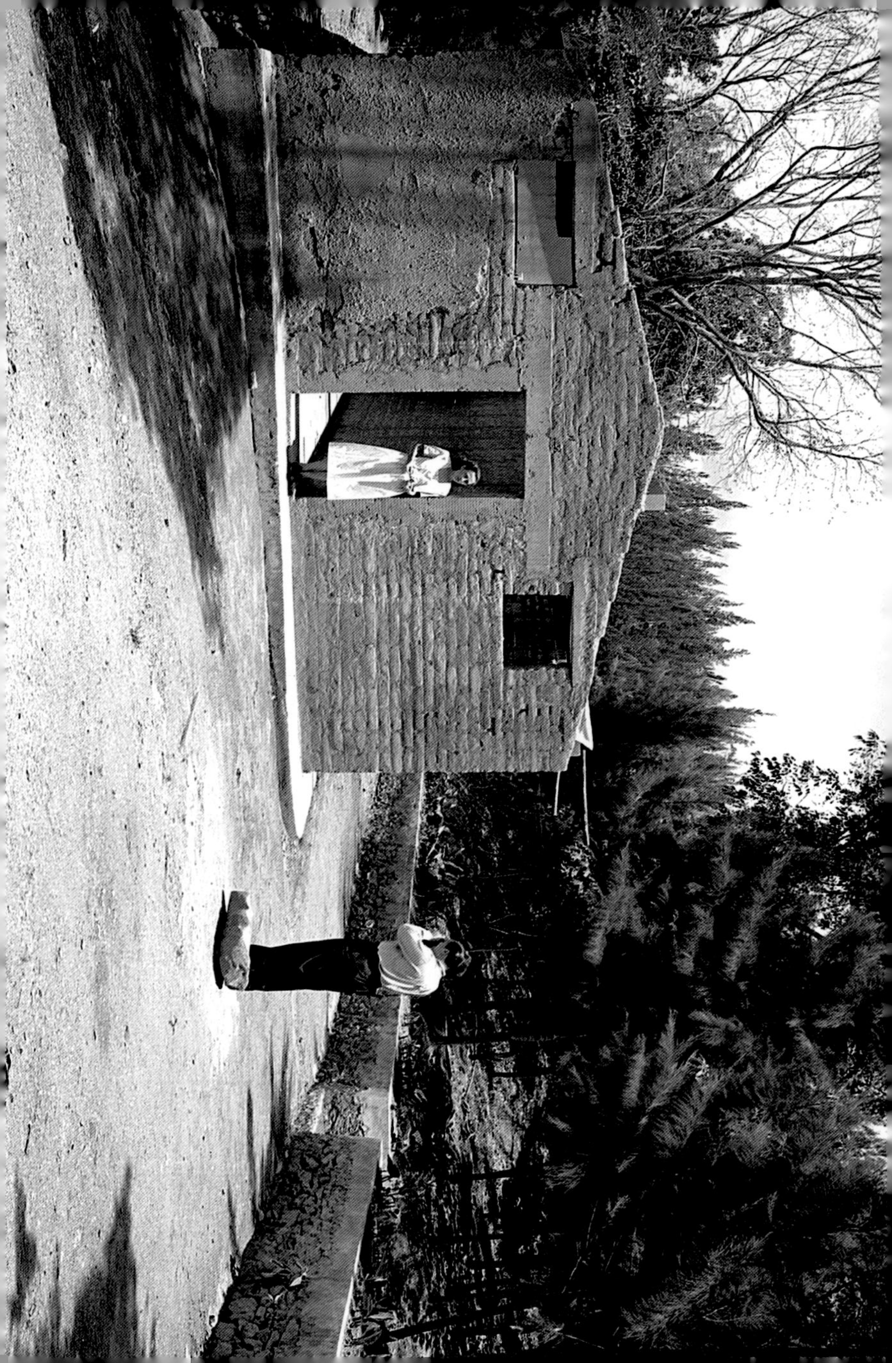